Noter til Dantes ”Guddommelige Komedie”

Normann Aa. Nielsen, 2018

Titel   **Noter til Dantes "Guddommelige Komedie"**

Forfatter: © 2018 Normann Aa. Nielsen
Udgave: 1. udgave
Udgivet::   Juni 2018

Forlag: BoD – Books on Demand GmbH, København, Danmark
Tryk: BoD – Books on Demand GmbH, Norderstedt, Tyskland
ISBN: 978-87-4300-106-5

Bogen er sat med Liberation Serif (overskrifter) og Liberation Sans
Serif 11 pkt.

Indhold

Figuroversigt

Indledning

Dette note-apparat indeholder referencer og historiske detaljer, som er brugt under udarbejdelse af foredrag om Dantes store værk **"Den Guddommelige Komedie"**. Foredraget blev givet til en privat, historisk interesseret studiekreds, Assens 2018. Noteapparatet kan dog sagtens stå alene.

Dette er ikke en lærd kommentar eller dyb analyse af Dantes værk, men et udgangspunkt, svarende til en introduktion til en opera eller et teaterstykke: Man kan sagtens opleve stykket uden denne, men for den særligt interesserede novice, er det nemmest med en lille rejsefører, en *vade mecum*.

Hvis man derfor gerne vil fordybe sig mere i værket, vil jeg anbefale litteraturlisten som udgangspunkt, med mindre man ligefrem vil besøge Firenze og Ravenna eller kaste sig ud i f.eks. Folkeuniversitetets kurser om Dante og komedien.

Vi taler om et værk, der er grundfæstet i sen-middelalderen, en tid, der ligger over 700 år tilbage fra vores synspunkt. Oven i købet tillader Dante sig at være fra Italien, hvor vi normalt er mest kendt med det Skandinaviske område. Jeg har derfor forsynet noterne med forskellige historiske oplysninger omkring Dantes tid, for at give en sammenhæng som er nødvendig – idet Dante netop giver referencer til sin egen tid i digtet.

Min egen interesse for digtet startede, da jeg var omkring 14 år, og tilfældigt fandt værket i mine forældres bogsamling. Det var O. C. Molbechs version[1], og dermed svære vers – men jeg opdagede alligevel en stærk historie bag versene, og noteapparatet gjorde det i det mindste muligt at følge med. Jeg var på det tidspunkt også optaget af andre værker, ikke

---

1   **Alighieri, D. (1966)**

mindst Odysseen, og jeg kunne føle en samhørighed mellem de to digtere: Dante og Homer.

Siden har jeg vendt tilbage igen og igen til værket, og for hver gang lærer jeg mere. Og for hver gang jeg kommer tilbage, oplever jeg glæden ved dette store digt. Jeg håber, at dette – blot en smule – kan smitte af på andre.

Sen-middelalderen

Middelalderen er den store periode, der begynder ved det Vestromerske riges fald, og slutter med renæssancens begyndelse – en periode, der strækker sig fra år 400 til slutningen af det 14. århundrede. Normalt opdeles middelalderen i tre perioder:

- Tidlig middelalder: Starter med det Vestromerske Riges fald, ca. år 410.
- Høj-middelalder: Starter med oprettelse af det Tysk-Romerske Rige, ca. år 962.
- Sen-middelalder: Starter med det første Jubelår, år 1300 og slutter ved renæssancen, ca. år 1492.

Fig. 1: Nord-Italien omkring år 1300

9

Store dele af Europa var i sen-middelalderen, dvs. omkring år 1300, opdelt i utallige fyrstedømmer, med tilhørende politisk uro og krige som resultat.

På kortet (fig. 1) ses hvordan Nord-Italien deles op i fyrstedømmer med større eller mindre indflydelse. Firenze (Florence) er særligt markeret. At det ikke gik så galt i Danmark må henregnes bl.a. til den dristige politik, som skete under grev Gert, men man kan sige, at det var tæt på.

Korstog og uro

Dante blev født i år 1265, midtvejs mellem det 7. og 8. korstog. Begge disse korstog var startet af den franske konge *Ludvig IX*, som var stærkt optaget af korstogstanken – han bar også tilnavnet "Den Hellige".

Det 7. korstog (1248-54) blev startet med den hensigt at erobre centrale brohoveder i Ægypten, for derfra at afskære forsyningslinjerne til Jerusalem. Slutmålet var naturligvis at erobre Det Hellige Land. Økonomisk set støttede Ludvig dette korstog med enorme summer, både af egne midler og især indsamlet som skatter fra franske byer og med støttebeløb fra kirken i Frankrig.[2]

Formålet med korstoget var at tilbage-erobre Jerusalem, der var faldet 11 juni 1244 til en tyrkisk / ægyptisk hær: Alle kristne var blevet massakreret, Gravkirken var blevet ødelagt, kristne grave plyndret og skændet, kristne stormænd og ridderordner var blevet slået – og Jerusalem var tabt. Dette ønskede Ludvig at hævne, men kort fortalt blev hans togt en stor fiasko. Selv om dette korstog var godt finansieret og godt forberedt, blev hæren tildelt store tab – Ludvig selv blev taget til fange, dog løsladt igen mod en enorm løsesum.

---

2   **Pihl, N. et al (2016)**

Ludvig kunne derfor vende tilbage til Frankrig, hvor han kom 1254.

Kongen fortolkede sin fiasko som et straf fra Gud for kristenhedens og for hans egne synder. Han indførte derfor et strengt, kristent styre, der bl.a. betød indførsel af en række anti-jødiske love, i 1254 og 1269 – herunder love, der tvang jøder til at bære tydelige tegn, farver og beklædningsgenstande.

Det 8. korstog (1270) kom som en modreaktion mod Mamelukkernes ødelæggelse af Antiokia i 1268. Ludvigs hær landede i Tunis, men uden held: Hæren gik til af sygdom, antageligt dysenteri og tyfus. Også Ludvig selv døde i sin lejr uden for Tunis.

Årene herefter var præget af de islamiske styrkers sejre i Mellemøsten, og de vestlige konger og pavers ønske og vilje – men ikke evne – til at starte nye korstoge. Og andre omvæltninger i Europa gjorde, at kongerne var i konstant pengenød, hvor man derfor ligeledes konstant måtte udskrive upopulære skatter. Uroen om magten nåede også ind i kampen om pavemagten; i perioden 1252-1296 var der ikke færre end 13 paver!

I 1295-6 besluttede den franske konge *Filip IV* (kaldet *Den Smukke*) at beskatte kirken. Det kom omgående til stridigheder med paven, **Bonifacius d. 8**. Denne udgav i 1296 bullen **"Clericis laicos"** *(gejstlighed og lægfolk)*, der utvetydigt og i skarpe vendinger forklarer, at den, der uden autorisation fra kirken, opkrævede og modtog skatter og afgifter fra kirkens folk, var hjemfalden til omgående og automatisk ekskommunion. Hermed var grænserne trukket skarpt og uigenkaldeligt op mellem pavestolen og de verdslige!

11

Pavemagten og den sekulære magt

År 1300 blev et skelsættende år i Europæisk middelalder. Det blev af pave **Bonifacius d. 8** udråbt til at være et "jubelår" - et helligt år – og det første af sin slags. Og tanken med dette var ganske klart: Der blev foranstaltet messer, forbønner og indrettet Hellige Døre i kirkerne i Rom osv., således at pilgrimme – mod betaling – kunne slippe for år i Skærsilden. Afladsbetalingen blev hermed indført, og formålet var netop at skaffe penge til pavestolen. Og at det virkede, var der slet ingen tvivl om. Tusinder af pilgrimme begyndte deres rejse, med det formål at nå til Rom til Påskemesserne.

Dante bruger dette år som udgangspunkt for starten af *la comedia*, hvilket er et kunstnerisk begavet tidspunkt. Dante har set de mange pilgrimme – der skønnes at have været op mod 200.000 i Jubelåret på rejse mod Rom – og nævner dette i en passage:

> *Langs bunden så jeg synderne, der nøgne*
> *gik i to rækker: de nærmeste mod os,*
> *de andre med os, men med mere fart på –*
>
> *som dengang romerne i Jubelåret*
> *fandt på at dele pilgrimsskaren oppe*
> *på broen, så den ene halvdel føres*
>
> *mod Engelsborg, og derfra ledes videre*
> *mod Peterskirken, mens den anden omvendt*
> *bli'r ledt mod højen på den venstre flodbred[3].*

Pave Bonifacius var ikke vellidt, og den pavelige institution var magtmæssigt truet af de forskellige konge- og kejserdømmer omkring Rom, især det franske kongedømme. Det er ikke forkert at sige, at årene omkring år 1300

---

3   **Aligher, D. (2000)**, *Inferno XVIII*, v. 25-33

betegner det tidspunkt, hvor det sekulære styre endeligt river sig væk fra det pavelige styre. Bonifacius forsøgte at fremstille pavestolens magt som absolut, idet han i 1302 udsendte bullen **"Unam Sanctam"** med følgende erklæring:

> *Vi har lært af evangelierne, at der er to sværd, det åndelige og det verdslige, som kirken råder over (...) Sandelig, den der benægter, at Peter rådede over det verdslige sværd, misforstår Herrens ord, da Han sagde: "Stik dit sværd i skeden." Derfor råder kirken både over det åndelige og det verdslige sværd; det sidste føres for kirken. Det første benyttes af præstens hånd, det andet af kongers og ridderes hånd på præstens befaling og med hans tilladelse (...) Derfor erklærer, udtaler, bekræfter og forkynder Vi, at for enhver menneskelig skabning er det til frelse absolut nødvendigt at underkaste sig den romerske pave.*[4]

Denne udtalelse sendte vrede og forargelse gennem samtiden. Bullen var især rettet mod den franske kong Filip IV, fordi denne ønskede pavestolen lagt ind under kronen.

Bonifacius foretog yderligere en bandlysning af kongen i 1303, og forberedte endog en ekskommunion af hele Frankrig i september 1303. Hvis dette var sket, ville alle teologiske handlinger i hele Frankrig være blevet stoppet: Ingen dåbshandlinger, skriftemål, messer eller begravelser ville kunne lade sig gøre! Dette var naturligvis uacceptabelt for kongen, og blev dramatisk forhindret af franske tropper, der sammen med to kardinaler fra byen Colonna[5], brød ind i det pavelige palads i Anagni (ca. 70 km syd for Rom), og truede paven. Paven blev tilbageholdt i tre dage, og blev mishandlet korporligt, men blev dog forhindret i at blive slået ihjel.

---

4   **Nøss, W. (1992)**, s. 98.
5   Colonna var på ordre af pave Bonifacius blevet ødelagt i år 1298, angiveligt for at straffe den indflydelsesrige familie Colonna.

Omend paven udadtil viste stort personligt mod ved denne konfrontation, blev oplevelsen tilsyneladende for meget for ham, for i tiden derefter var han en nedbrudt mand. Han døde en måned efter konfrontationen.[6]

Den nye pave, **Benedikt d. 11**, flyttede pudsigt nok pavestolen til Avignon, hvor den blev de næste 8 pavers tid – og dermed fik Frankrig en stor indflydelse på pavens magt.

Det er svært at have særlig meget ondt af Bonifacius. Han hed oprindeligt Benedetto Gaetani (født ca. 1230), og tog navnet Bonifacius i 1294, da kardinalerne overrakte ham den tiara, som *"den på himlen kloge, men på Jorden dumme"* pave Celestin 5. havde nedlagt. Den fromme og asketiske Celestin ønskede blot at tilbringe resten af sit liv i en eneboerhytte, og Bonifacius overtalte ham til at overlade sig pavestolen. For at være på den sikre side, lod Bonifacius ham dog kort efter sin udvælgelse arrestere og sætte i livsvarigt fængsel.

De to kardinater fra Colonna var blevet lyst i band år 1297, fordi de nægtede at udlevere deres slægtning Stefano Colonna (som havde kidnappet og røvet pavens nevø), og også havde nægtet at overgive til paven byen Palestrina samt to forter, der truede paven. Banlysningen blev udvidet til flere af kardinalernes slægtninge, så man kan mene, at de politiske bølger gik højt...

I det hele taget strøede Bonifacius om sig med bandlysninger. Allerede i 1286 havde han, som kardinal, bandlyst Jacob II af Aragón[7], fordi denne blev kronet til konge af Sicilien. Og i 1296 blev Jacobs yngre bror, Frederik III af Sicilien, bandlyst af samme grund. Også den danske konge **Erik**

---

6 Jf. **Duffy, E. (2009)**.
7 *Aragón:* Provins i det nordlige Spanien, som i middelalderen bestod af Aragonien, Catalonien og Valencia og de Baleariske Øer.

14

Menved fik i 1298 æren af at blive lyst i band, fordi han fængslede ærkebiskoppen af Lund (Jens Grand).

Liv i sen-middelalderen

Vi har normalt svært ved at forestille os, hvordan man levede i middelalderen. Hvad havde man at gøre med, hvordan var samfundet – hvad blev tilladt, og hvad var forbudt? Til al overflod kaldes middelalderen ofte for "mørk" eller "formørket", og alt efter om man kommer fra Nordeuropa eller Sydeuropa ved man knap nok hvornår middelalderen var.

I Sydeuropa defineres middelalderens start ofte som det tidspunkt, hvor det vest-romerske rige endelig er faldet, ca. år 406. I Nordeuropa, dvs. Skandinavien især, starter middelalderen, når vikingetiden slutter, ca. 1050 (eller måske nærmere ved 1066: Slaget ved Hastings). Alle synes dog at være enige i, at høj-middelalderen slutter år 1300, og at sen-middelalderen starter samme år.

Men hvad havde en dannet / lærd person adgang til, i sen-middelalderens Italien, nærmere bestemt i den rige provins Firenze, i årene 1265-1321? Langt mere, end vi tror!

1285 er der med sikkerhed opfundet briller. Denne opfindelse tilskrives *Salvino D'Amarto Degli Armati* fra Firenze, og breder sig hurtigt blandt de læsende (præster), skrivere (munke) og andre lærde.

1145 begynder kirker at få vinduer med blyindfattet glas. Nu var glas kendt siden romersk tid, men dette var farvet glas, kombineret med gennemsigtigt glas, og altså sat som vinduer. Men der skulle dog gå frem til slutningen af det 14. århundrede, før de officielle bygninger (som de første) fik vinduer af glas. Dette skete i starten hos de rigeste italienere i deres imponerende *palazzi*. Før dette brugtes skodder af træ eller et stykke voksdug.

I slutningen af det 13. århundrede og ind i det 14. fik de rige og rigeste huse ofte installeret ildsteder og pejse indendørs – som regel lige under taget i huse med flere etager. I husene fandt man ofte katte, der – i modsætning til hunde – var velkomne, da de jo jagter mus. Deltagere i korstogene havde bragt eksotiske og smukke *sorte* katte med sig, og efterkommerne af disse kunne nu ses i mange havne- og bystater.

Der var naturligvis universiteter: Alene i Italien var der i Dantes tid universiteter i Bologna (1088), Padua (1222), Sicilien (1224), Macerata (1290), Rom (1303), Perugia (1308) og Firenze (1321). Derudover var der en række andre højere læreanstalter, hvor der var mulighed for disputser frem for den udenadslære, som blev holdt i munkeskoler. Dette skyldtes i høj grad de to munkeordner, Dominikanerne og franciskanerne, som prædikede på folkesproget (italiensk) og oversatte de gamle tekster fra latin. I samme ånd blev der udgivet mange lærebøger på italiensk (også på andre sprog), hvorved undervisningen blev flerstrenget.

I 1202 og mere definitivt 1228 blev det talsystem, som vi i dag kender som det arabiske talsystem – eller "vores" – introduceret af handelsmanden (og matematikeren) **Leonardo Fibonnaci** fra Pisa. Systemet, som bl.a. indeholder tallet 0, var nemmere at arbejde med, blev omgående adapteret i Firenze af datidens bankiers, handelsmænd og andre pengeinteresserede. I slutningen af det 13. århundrede var der med sikkerhed taget dobbelt bogholderi i brug i Firenze, formentlig det første sted i verden.

Kortspil var endnu ikke opfundet, men det var skak og andre brætspil.

Tanken om "Skærsilden" blev udviklet fra slutningen af det 12. århundrede, indtil den nåede sit foreløbige højeste niveau med Dante – inden den blev pekuniært videreudviklet, indtil Luthers kritik i 1517.

Mekaniske ure var begyndt at blive fremstillet: De var monteret i kirkernes klokketårne, de havde ikke minutviser, idet de ikke var særligt præcise, og de markerede primært deres gang med time- eller klokkeslag, som fortalte, hvornår de troende skulle sige deres timebønner. Men i midten af det 14. århundrede begyndtes der at blive installeret store offentlige ure i byens rådhuse, og dermed ophørte tiden, så at sige, med at være eksklusiv for Gud til nu også at blive sekulær. Dante har oplevet tidens gang fra de mekaniske ure:

"*Ret som det ur, der vækker os med klangen,*
alt i den stund, da Herrens brud sig hæver,
at tækkes brudgommen ved morgensangen,

dels støder, og dels drager, så der svæver
et sødt "klingklang" så yndigt til vort øre,
at sjælen svulmede af elskov bæver:

Sådan jeg så hint ærens hjul sig røre,
og skifte røst med røst i takt og toner
så søde, som man aldrig får at høre

undtagen der, hvor glæden evig troner."[8]

I sætningen "dels støder, og dels drager" skal man forstå mekanismen som trækstænger og vægtlodder, der aktiverer hamrer, som udfører timeslagets "klingklang".

---

8   **Alighieri, D. (1966)**, *Paradiso, X*, v.139-148

Dante Alighieri

Dante (1265 – 1321) var fra fødslen til sin død et produkt af Firenze – byen og dens skæbne lå ham i blodet, han elskede den og han ønskede den alt godt. Uheldigvis for Dante var Firenze ikke enig med ham i hans holdninger, og han levede de sidste 19 år af sit liv i landflygtighed fra byen og provinsen Toscana.

Dante voksede op uden forældre. Det menes at faderen var en velstillet lavadelig notar i Firenze. Han efterlod Dante en større arv, der gjorde det muligt for ham at få en humanistisk uddannelse; han fulgte både forelæsningerne ved franciskanerkirken Santa Croce og dominikanerkirken Santa Maria Novella.

Maleren Giotto

Der findes mange billeder af Dante, men disse er typisk udført efter digterens død. Imidlertid havde Dante en god ven, den to år yngre maler *Giotto di Bondone* (også fra Firenze), og denne malede en større freske i Podestà-paladsets kapel, hvor han inddrog Dante blandt freskens personer (se fig. 2)[9].

Dante er her malet på et tidspunkt, hvor han var lige så kendt i Firenze, som Giotto selv var. I det samme kapel kan man finde et portræt af Dantes egen værge og lærermester, *Brunetto Latini* – denne person finder vi igen i *Inferno*, sang XV.

Dante og Giotto tilhørte det samme laug i hjembyen, og begge sympatiserede de med tiggermunkene, der gik i Frans af Assisis spor.

---

9   **Vasari, G. (1993)**,s. 38

Fig. 2: Freske (detalje), af Giotto di Bondone

Giotto havde en god ven i Rom, illustratoren **Oderisi** fra Agobbio. Han var bragt til Rom for at illustrere mange bøger for paven, hvilket han gjorde udmærket – dog var kunstneren **Franco** fra Bologna tilsyneladende bedre. Det er værd at nævne disse[10], fordi Dante omtaler dem i *Purgatorio* (blandt de hovmodige):

---

10   **Vasari, G. (1993)**, s. 46

*"Hør," sagde jeg, "er du ikke **Oderisi,***
en pryd for Gubbio og en pryd for kunsten
hvis franske navn er at illuminere?"

*– "Min broder," sagde han, "**Franco** i Bologna*
får sine blade til at smile mere;
hans pensel lyser nu, min står i skygge.

I live havde jeg dog ikke givet
så generøst et svar, for jeg begæred
kun ét dengang: at regnes for den bedste.

For sådant hovmod bæres disse byrder;
men hertil var jeg endnu ikke nået
hvis ikke jeg i tide havde angret.

Forfængelige ry som vi vil vinde!
Det grønnes kun så kort, og visner atter,
medmindre mørke tider følger efter.

*I maleriet troede **Cimabue***
*at palmerne var hans, men se hvor **Giotto***
nu udråbes til tidens største mester."[11]

Giotto havde en glimrende karriere, som betød at han måtte rejse meget – kirker og paladser skulle udsmykkes, og han måtte rejse til der,hvor arbejdet skulle udføres. I 1316 mødtes han med Dante i dennes eksil i Ravenna, og blev af Dante overtalt til at overføre nogle historier til fresker til kirken San Francesco - disse fresker er, som Vasiri skriver, "nogenlunde gode"[12]. Efter dette nåede Giotto ikke at mødes mere med Dante, som jo døde i 1321, 56 år gammel. Giotto selv døde i 1337.

---

11 **Alighieri, D. (2000)**, *Paradiso, XI*, v. 79-96.
12 **Vasari, G. (1993)**, s. 48

Beatrice

Det er umuligt at komme uden om den betydning, som den unge kvinde, *Beatrice "Bice" di Folco Portinari*, fik for Dante. Hun blev født i år 1265, og kom oprindeligt fra en rig bankier-familie. Hun blev gift med den indflydelsesrige bankier Simone dei Bardi i 1287, og døde 8 juni 1290 (måske pga. feber). Meget mere end dette ved man ikke konkret om Beatrice selv, og selv dette er usikkert: Oplysningerne kommer fra forfatteren *Boccaccio* (der skrev Decameron), men denne kendte ikke Dante – Dante døde, da Boccaccio var 8 år. Der er endog diskussion om hvorvidt Beatrice og Bice er den samme person, for Dante gjorde meget for ikke at identificere sin Beatrice som en rigtig person.

Beatrice gjorde et monumentalt indtryk på Dante: Hun blev hans muse, et åndeligt forbillede af renhed, som han romantiserede ud over det, et almindeligt menneske kan bære. Og hun blev den, der gav ham sit "nye liv"; der, der gjorde Dante til digteren.

Han så hende, første gang da han var 9 år, og hun var 8, i år 1274. Klædt i en rød kjole "lignede hun ikke en datter af en dødelig mand, men af en gud"[13]. Dante beskriver dette, i sit værk **Vita Nuevo** (*Nyt liv*). Han bruger store, kosmiske udtryk for at beskrive deres møde, som kun en elsker kan beskrive sit første møde med den eneste ene. Mødet i sig selv beskriver han ikke (Boccaccio mener, det var ved et børneselskab, arrangeret af Beatrices far), men han beskriver i hvor høj grad den effekt, der er at se Beatrice, har på hans indre verden.

---

13 **Burge, J. (2010).**

Der gik nu flere år, før han så hende igen – i mellemtiden fik han en ny mor, han fik nye søskende, han mistede sin far, han og hans søskende kom i pleje hos onkler og tanter. Han blev undervist af både franciskanere og dominikanere, ikke mindst af den mest berømte lærde, **Brunetto Latini**. Dantes evner var så store, at han kom til at læse videre på universiteterne i Padova og Bologna, måske også Paris – det er dog usikkert.

I 1283 vendte Dante hjem til Firenze igen, med hovedet fuld af tanker om Beatrice. De var ikke blevet mindre i de år, han havde været væk. Og nu så han hende igen! I en uskyldsren, hvid kjole, og hun gik og talte med to ældre kvinder – men da hun så Dante, holdt hun inde, og hilste på ham, som om hun havde savnet ham!

Fig. 3: Beatrice i den hvide kjole. Henry Holliday (ca. 1884)

Dantes svimlede, hans verden rystede. Han gik lige hjem til sit kammer, låste døren og lagde sig for at komme over rystelserne – og oplevede nu et syn: Gud Amor stod med den nøgne, sovende Beatrice i armene, hun kun dækket af et rødt klæde. I hånden holdt hun en rød, brændende klump, som Amor sagde var Dantes hjerte. Så vækkede guden hende, og bød hende spise hjertet. Det gjorde hun – Amor brast i gråd, og forsvandt med Beatrice.[14] Denne oplevelse var så stærk, at Dante skrev en sonet om hende (uden at nævne hendes navn), som han sendte til den kendteste digter i Firenze, **Guido Cavalcanti**. Denne blev begejstret, og svarede tilbage med endnu en sonet – og dermed begyndte Dante sit egentlige digterliv.

Dante gør, som alle forelskede, alt for at se Beatrice – men på afstand. Han nærmest forfølger hende, men hun må ikke opdage ham, det tør han ikke; hun er ham alt for fjern, for hellig.

Verden blev ikke nemmere af, at han i 1285 blev gift – han var siden sit tolvte år trolovet med Gemma Donatti – og i 1286 blev også Beatrice gift. Dante måtte undgå at lade Firenzes borgere tro, at han eftertragtede Beatrice; et par i Rimini – Francesca og Paolo – var netop blevet myrdet af kvindens skinsyge ægtemand[15]. Gud Amor viser sig igen for ham, og opfordrer ham til at bekæmpe sin jalousi ved at finde en anden kvinde at opvarte, for derved at lade andre tro, at det var denne og ikke Beatrice, han søgte, og imens længtes han stadig efter Beatrice. I mellemtiden er der løbet rygter om Dante og hans (omend kyske) forhold til denne anden kvinde. Da Dante møde Beatrice igen, vil hun ikke hilse på ham – Dantes verden bryder sammen, og han gemmer sig i sit mørke, låste kammer.

---

14 Efter **Reich, E. K. (1991)**, s. 30f.
15 Dante finder disse to i *Inferno*, canto V.

Og her får han igen visioner, men denne gang om det spirituelle. Han begynder at forstå kærlighedens rolle i Guds arbejde, han erkender Universets mysterium og opbygning. Hans ry som digter vokser, men han betragtes også som en tragisk tilbeder, der opvarter andre kvinder.

Nogle år gik på denne måde, så måtte den anden kvinde rejse bort, og Dante selv måtte også forlade Firenze for en tid: I 1289 drog en hær på 12.000 mænd ud fra Firenze mod Campaldino, i endnu et slag hvor de pavetro *guelfer* kæmpede mod de kejsertro *ghibelliner*. Dante deltog med sikkerhed i dette slag, som kavalerist. Han tilhørte de pavetro, dvs. guelferne, og det blev det vindende parti. Slaget blev barsk, på en dag blev 3-4.000 mand dræbt ved Campaldino, og det er sikkert, at Dante gjorde sin pligt.

Dante vender hjem efter slaget, men selv om han på afstand betragter Beatrice, taler han aldrig med hende igen. Han mener og tror, at Beatrice må kende til hans kærlighed for hende på det åndelige plan, men dette giver naturligvis ingen mening i det virkelig liv. Dante er i en livskrise, og for at finde ud af den, skriver han pragtfulde sonetter om kærligheden, og derfor om Beatrice. Da Beatrice dør et år senere, modtager Dante dette som et hårdt slag, og det tager ham et år i dyb sorg at komme over dette.

Beatrice er tabt for altid – og så dog ikke, thi hun er at ligne med en engel, og derfra kan Dantes "nye liv" forstås. Han beslutter sig for at ville digte et værk, som ingen anden, til den uopnåelige Beatrice.

Dante afslutter **Vita Nuevo** med ordene (min fremhævelse):

> *"Ja, hvis det er Hans vilje, fra hvem alt har liv, at mit liv skal vare endnu nogle år, håber jeg at kunne synge om hende således, **som der aldrig før er sunget om nogen kvinde.** Og så give da han, som er al godheds herre, at min sjæl må finde vej til herligheden hos sin elskede, hin velsignede Beatrice, som salig skuer hans åsyn, qui est per omnia saecula benedictus[16]. Amen."[17]*

Firenze

Byen Firenze, der på alle andre sprog end dansk hedder Florence (!), er hovedstaden i provinsen / fyrstedømmet Firenze – nu Toscana. Den blev oprindeligt anlagt i år 59 f. Kr. af Julius Cæsar, som gav den navnet *Fluentia* (den flydende), fordi byen lå mellem to floder – siden blev byens navn ændret til *Florentia* (den blomstrende). Byggestilen var en romersk lejr med lige, retvinklede gader, hvilket man stadig kan se i dag i den ældre bymidte.

> *Kristendommen kom til Firenze i det fjerde århundrede. I det femte smuldrede det Romerske Imperium, i det 6. blev Firenze ødelagt af Gotherne, og alle de romerske bygninger blev raseret. Efter en lang, mørk periode optræder Firenze som en del af det Hellige Romerske Imperium, hvor imperiet var overgået til germanerne. Men ved det 12. århundrede var byen begyndt at kræve sin ret til selvstyre. De næste250 år var en periode af intens kamp. Firenze måtte kæmpe for sin uafhængighed*

---

16   *Qui est* … : dette som er evigt velsignet.
17   **Alighieri, D. (1965):** Afsnit XLII.

fra de tyske kejsere og også fra stadigt mere magtfulde paver.[18]

Byen undergik en rivende udvikling, som kan ses af de to viste stik (fig. 4 og fig. 5), der er lavet med 100 års mellemrum. I år 1200 var der ca. 50.000 indbyggere i Firenze, men dette tal steg til 120.000 indbyggere i år 1300, hvortil skal medregnes ca. 300.000 bosiddende i landdistriktet.

Fig. 4: Firenze, 1250-1320

Fra da af blev Firenze et kraftcenter for al slags handel og håndværk i hele Italien, og dermed i Europa. Først viderebearbejdede man ufærdigt klæde fra Frankrig og oplandet, idet klædet blev farvet og færdiggjort på forskellig måde. Tøjet blev derefter eksporteret til østen, som betaling for krydderier, røgelse, perler og ædelstene.

Omkring år 1200 begynde Firenze at fremstille egne klædestoffer, hvilket skulle blive hovedindustrien de næste tre år-

18 **Cronin, V. (2001)**, s. 4f; min oversættelse. Det følgende er ligeledes opsamlet fra denne kilde.

hundreder. Uld blev importeret fra England i store mængder, i 1273 aftog Firenze alene 1/8 af Englands samlede uldeksport (4000 sække uld). Andre råvarer til forarbejdningen kom fjerne steder fra, f.eks. alun, der blev importeret fra Lilleasien, og andre varer kom fra Majorca, det Røde Hav og Fjernøsten.

Pavedømmet indkrævede store rigdomme fra den pligtige tiende, men eftersom kirken i princippet ikke måtte indgå i handel, blev det Florentinerne – handelsmænd fra Firenze – der var mellemmændene for kirken. Den indsamlede tiende, var oftest i form af varer, f.eks. pels, skind, træ – selv hvalben fra Island og Grønland; og disse varer blev solgt for profit til gavn for pavestolen, men så sandelig også til gavn for den italienske mønt.

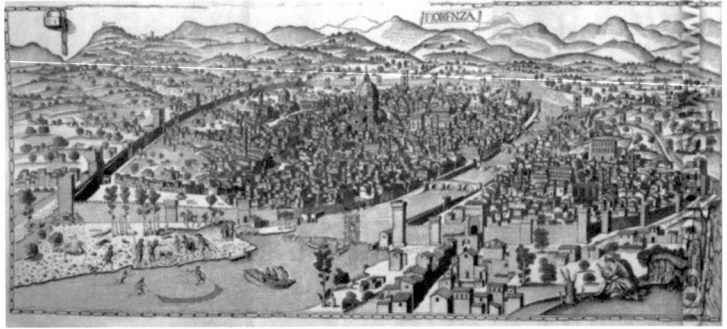

Fig. 5: Firenze, 1350-1400

I 1252 begyndte Firenze at slå sin egen mønt. På dette tidspunkt var alle de europæiske mønter baseret på sølv; alt guld var blevet sendt til lande uden for Europa. Men modsat var det for Firenze! Den store handel havde skabt en ophobning af guld (hovedsageligt hentet fra Afrika), og denne beholdning blev nu brugt som materiale til en ny valuta, **florinen**, der bestod af 24 karat guld og vejede ca. 3,5 gram (fig. 6).

Fig. 6: Florinen

Denne mønt blev gangbar i hele Europa, og havde en stor
værdi, som kun voksede gennem tiden. Med denne mønt
blev det muligt at udvide pengeudlån til hele Europa, meget
imod pavestolens ønsker, og også til mange menneskers for-
dærv. Dante skrev negativt om florinen i *la comedia* (her i to
forskellige oversættelser, med mine fremhævninger):

> Din by, som er et skud af ham, hvis brøde
> var, at han først sin skaber trodse turde,
> og for hvis avind mange tårer fløde,
>
> udbreder den **fordømte blomst** på Jorde,
> der lokked får og lam, så vild de fore,
> da den **en ulv** af selve hyrden gjorde[19].

> Din by – en stikling af det gamle ukrudt
> sået af ham der som den første vendte
> sin skaber ryggen, drevet af misundelse –

---

19   **Alighieri, D. (1966)**, *Paradiso, IX* v. 127-133

> *har avlet frem og spredt den **onde blomst** som*
> *vildfører både får og lam, fordi den*
> *har omskabt hyrderne til **glubske ulve**[20].*

Her raser Dante altså over Firenze, idet han kalder byen for et skud eller en stikling af *"ham, der som den første vendte sin skaber ryggen"* – dvs. Firenze er et skud af Satan selv. Og grunden er, at florinen, denne **fordømte blomst** (*maladetto fiore*), får de ellers gode mennesker til at optræde som glubske ulve, dvs. ågerkarle.

Dante og politik

Hvis man vil leve sikkert og roligt, skal man holde sig fra politik, og i hvert fald bør man holde på den sikre vinder.

Som Firenze selv var Dantes familie traditionelt *guelfisk*, det parti, der var tro mod pavestaten, men som også gik ind for selvstyre. Hvis man skulle vælge mellem paven og kejseren valgte man altså paven. Det var *middelklassens parti, det liberale synspunkt, der hævdede frihed over alle magtkrav, og nærede demokratiske tendenser på det indenrigspolitiske område*[21]. Modsætningen til dette parti var ghibellinerne, der hyldede en stærk mand, en verdenskejser, og ønskede et aristokratisk og autoritært styre – og det var naturligt partiet for den gamle adel, med deres store ejendomme.

Men ghibellinernes sag stod svagt, især efter den tyskromerske kejser **Frederik 2**'s død i 1250. Drømmen om verdenskejseren var væk, pave-magten rørte kraftigt på sig, og der kom flere udbrud af selvstændighedstrang. I 1282 blev ghibellinerne udelukket fra at deltage i Firenzes bystyre, og i

---

20 **Alighieri, D. (2000)**, *Paradiso, IX* v. 127-133
21 **Lagercrantz, O. (1964)**.

stedet blev der indført en ordning, der baserede sig på håndværkerlaug, dog domineret af bankierer og industrifolk. Uroen mellem disse topartier medførte mange lokale krige, og Dante deltog som kavalerist på guelfernes side i slaget ved Campaldino i 1289.

Dante blev mere og mere interesseret i Firenzes politiske liv, og fordi kun medlemmer af håndværkerlaugene havde ret til at deltage i dette, blev Dante i 1295 medlem af apotekernes og lægernes laug. Ikke at han havde nogen form for lægeuddannelse, men reglerne var blevet løftet til, at man blot skulle være medlem af et laug for at kunne være aktiv i politik.

Dermed deltog Dante aktivt i flere år i Firenzes "de hundredes råd", og blev en af seks *priori*[22] i to måneder i år 1300.

Der var en særlig uro i guelfernes parti i denne periode. Partiet deles op i to modsætninger, de *Hvide* og de *Sorte,* hvor de Sorte var stærkest tilhængere af pavens styre. De Hvide, som Dante tilhørte, gik ind for lokalt selvstyre uden pavelig indgriben. Og man skal forstå, at dette ikke er politisk uenighed, som vi kender det fra vore dage: Den forkerte holdning på det forkerte tidspunkt kunne medføre dødsstraf eller landsforvisning.

I efteråret 1301 blev Dante – som medlem af de hundredes råd – sendt til Rom som en ud af de tre ledere af en delegation, der skulle forhandle med Bonifacius 8. Mens han er der, ankommer den franske konges bror, Karl af Valois, til Firenze – angiveligt for at mægle mellem de Sorte og de Hvide. Karl er udsendt af paven, han er i stærkt forbund med det Sorte parti, og "mæglingen" ender med, at de Sorte vinder fuldstændigt. Der opstår med det samme en brutal bor-

---

22 *Priori:* En af de seks mænd, der havde den udøvende magt i bystyret, en slags rådmand. Perioden på to måneder var normal for embedet.

gerkrig mellem de to partier, men de Sorte vinder, og slår ned på de Hvides ejendomme og personer med hård hånd.

Dante var af paven blevet tilbageholdt i Rom, da hans ledsagere var rejst, og modtog der underretning om at være blevet landsforvist fra Firenze, begrundet i at han hverken ville betale en bøde eller tilstå embedsmisbrug, bedrageri og forræderi. To år senere skærpes dommen: Hvis han blev pågrebet inden for Firenzes mure, skulle han brændes levende! På den baggrund kunne Dante ikke mere vende tilbage til Firenze, og måtte derfor – fra 1301 – leve i landflygtighed. Dette betød, at han brugte resten af sit liv på at håbe på forskellige fyrsters gæstfrihed, som han så betalte med sine digte. Han døde i 1321 i Ravenna, antageligt på grund af malaria – klimaet var ualmindeligt vådt og klamt i de år, og myggene i Ravennas sumpe var i enorme sværme.

Dante tilgav aldrig Bonifacius, som havde holdt ham tilbage fra at rejse hjem til Firenze, og dermed forhindret Dante i at være aktiv i de politiske aktioner – husk, at Dante var modstander af paven! Man finder derfor Bonifacius nævnt flere gange i *Inferno* i ikke så pæne vendinger. Hvad mere var, lederen af de Sorte var **Corso Donati**, en slægtning til Dantes egen hustru. I *Purgatorio* lader Dante Corsos egen bror, **Forese**, sige at Corso engang vil blive slæbt til helvedet:

> *"Javist,"sagde han, "men den som mest har skylden,*
> *ser jeg en hestehale slæbe ned til*
> *den mørke dal hvor ingen skyld forlades.*
>
> *Og dette dyr blir ved at øge farten*
> *for hvert et skridt indtil han er knust, og kroppen*
> *blir liggende på vejen, grufuldt tilredt."[23]*

---

23 **Alighieri, D. (2000):** *Purgatorio*, XXIV, v. 82-86.

Dette skete også, Corso døde d. 6 oktober 1308 under flugt fra Firenze, hvor han var blevet fanget i sit hus af en vred folkemængde. Ifølge historien faldt han af sin hest, men hang fast i stigbøjlen, og blev derved slæbt til døde.

Dantes synspunkt var kendt, han havde udtrykt det i et begejstret og pave-fjendsk åbent brev til den tyske konge (og kommende kejser for det Hellige Romerske Rige), **Henrik VII**, da denne i 1310 overskred grænsen til Nord-Italien. Det var Dantes håb, at Henrik ville kunne rense Firenze fra de Sortes styre. Dantes håb slog fejl: Der er ikke noget, der tyder på, at Henrik specielt lagde mærke til Dantes brev, og under alle omstændigheder var Firenze og mange andre bystater i det splittede Italien ikke interesserede i at bliver underlagt Henrik, som derfor havde hænderne fulde! Dantes brev blev derfor i Firenze betragtet som et landsforræderisk indslag. Henrik nåede Rom og blev udråbt som kejser i 1312, men døde af malaria allerede i 1313.

Dante udtrykker sin ubetingede beundring for Henrik VII ved i *la comedia* at stille en stol i Paradiset klar til ham. Han lader Beatrice forklare:

> *"På denne højstol, der for øjet træder,*
> *forud alt smykket med den gyldne krone,*
> *skal, før du smager disse bryllupsglæder,*
>
> *Den høje Henriks sjæl med tiden trone,*
> *han, der som kejser til Italien drager,*
> *før det er modent til sin brøst at sone."*[24]

I 1313 udgiver Dante værket **"De Monarchia"**, et politisk værk om kejserdømmet og verdensfreden. Med dette blandede han sig i et af de mest kontroversielle emner i hans tid: Forholdet mellem den sekulære myndighed (repræsenteret af

---

24 **Alighieri, D.** (1966): *Paradiso*, XXX, v. 133-138.

den Hellige Romerske kejser) og den religiøse myndighed (repræsenteret af paven). Værket består af tre bøger, men den mest betydningsfulde er den tredje, hvor Dante konfronterer kejserens og pavens relationer: Dante fordømmer den magt-model, som kirken gik ind for (teokratisk, hierarkisk), og som var kommet til udtryk i bullen "Unam Sanctam" fra 1302.

Dante udtrykte sit behov for en verdslig, stærk leder – han hævder, at hvor paven er tildelt forvaltningen af mennesker evige liv (hvilket Dante stadig anerkender som den højeste opgave), så er kejseren tildelt opgaven med at føre mennesker til den jordiske lykke. Han påviser, at kejseren og paven begge er menneskelige, og at de begge får deres magt og autoritet direkte fra Gud, uden mellemmænd.

"De Monarchia" var så kontroversielt, at det blev blev kastet på bålet allerede i 1313, det blev sat på Kirkens *Index* over forbudte bøger i 1585, og der blev det, indtil det blev frigivet i 1897. Og først i 1921, på 600-årsdagen for hans død, blev Dantes politiske tænkning taget til nåde af kirken ved en encyklika (dvs. en pavelig rundsendelse).

Som forvist kunne Dante aldrig vende tilbage til Firenze, og han var resten af livet præget af savn og længsel. Alt, hvad der kommer fra Firenze, bliver betragtet med andre briller. Alle steder i *la comedia* ser man, at når Dante møder en florentiner, bliver denne udspurgt mere end andre, og vægtet anderledes end andre. Og således ser man både de ædleste og de vildeste tanker i gang hos Dante, når han ser enten en ærefuld politiker eller en foragtelig forræder. Alle steder besynger Dante den landsforvistes pine, og Firenzes pryd (selvom han også kærligt dadler den).

Den guddommelige komedie er dermed lige så meget en hyldest til Firenze, som den er til Beatrice.

La comedia – oversigt

Digtet er opdelt i 1 + 3 x 33 *canti* (sange). Sangene er i originalen kun nummereret, men forskellige oversættere har valgt selv at give hver sang en overskrift. Dette er f.eks. tilfældet med **Alighieri, D.** (1966) (jeg bruger overskrifterne herfra), men ikke i **Alighieri, D.** (2000). Det er normalt at angive en konkret sang ved dens placering i hhv. *Inferno, Purgatorio* eller *Paradiso,* og derefter sangens nummer som romeral.

Dantes værk kan fortolkes på mange måder, og det er bestemt også meningen! Det er en allegori, ikke en teologisk afhandling! Herunder er nogle indgange.

Satire og biografi

Det er naturligt at opfatte værket som en satire over de personer og politiske hændelser, som styrede Dantes liv. Det ses især i *Inferno,* hvor mange af Dantes modstandere havner på forskellige niveauer – dette billede forstyrres en smule af, at også nogle af Dantes venner findes her. Eksempler:

- En af de store modstandere, som Dante møder i Inferno (*sang X*), er **Farinata**. Denne stolte ridder tilhørte _ghibellinernes_ parti, og var derfor Dantes modstander. Ham finder vi lige inden for portene i helvedesbyen *Dis,* hvor kætterne er anbragt i grave af sten, fyldt med evig ild. Men Farinata lader sig ikke kue. Han havde gode grunde til at kæmpe mod *guelferne,* de havde bl.a. landsforvist ham (en skæbne, som han så forresten forudsiger, at også Dante må lide), og han havde stået alene efter slaget og beskyttet Firenze mod nedrivning.

- I Inferno er også **Brunetto Latini**, Dantes gamle og elskede lærer (sang XV). Denne finder vi i den syvende kreds, blandt de utugtige og homofile (hvilket var en alvorlig religiøs synd i de dage). Han er som straf sendt ud i en ørken, hvor der bestandigt falder ildflager ned på de nøgne syndere. Men Dante fordømmer ham ikke, og taler længe kærligt med ham, og får også fremvist andre fordømte – mange gejstlige – der havde vrangvendt kærligheden. Dante udtrykker her uenighed med Guds dom, og Vergil er enig med Dante.

Dante blev som nævnt landsforvist af politiske grunde, til sin egen store sorg. Han benytter derfor lejligheden til at hudflette sine modstandere, ophøje sine velgørere og begræde ofrene for de uretfærdigheder, som han ser. Derfor har han stor sympati for netop Farinata, der – selv om han tilhørte modstandernes parti – gjorde alt, for at beskytte Firenze. Farinata var selv landsforvist, hvilket pinte ham mere end den straf, han var blevet tildelt i selve Helvedet. Og Dante reflekterer: At tænke sig, at mennesker kan udtænke straffe, værre end den i Helvedet – sådan er det for den, der er landsforvist fra sin hjemstavn!

Det rene digt

Det er **også** muligt blot at se på digtet som det rene digt, med en meget stram opbygning:

- Sproget er som hovedregel det enkle, italienske folkesprog, men det varieres undervejs med dialekter, alt efter hvem der taler. Dette er nærmest umuligt at gengive i oversættelser.

- Tallet 3 er et stærkt symbol (treenigheden), og gennemsyrer kompositionen:

- Digtet er opdelt i 1 + 3 x 33 *canti* (sange).
- Dante trues af 3 dyr (panter, løve, ulv)
- Dante møder 3 rejseførere (Virgil, Beatrice, Skt. Bernhard)
- Hvert dødsrige er opdelt i 9 (3 x 3) kredse ... osv.

- Hver af de 3 beskrivelser af dødsrigerne ender med ordet *stelle* – **stjerne**.

- Vers har en stram 3-delt rim-mæssig natur (*terza rima*), idet alle *canti* slutter med en enkelt "hængende" linie, der rim-mæssigt bindes til det forudgående vers midterste linje. Dette kan beskrives som aba bcb cdc ..., eller grafisk som vist herunder (fig. 7):

Fig. 7: Ende rim-opbygning i la comedia

At genskabe denne rim-struktur på andre sprog end originalen er vanskelig, og det gøres da heller ikke ofte. På dansk er det lykkedes med Chr. K. Molbechs oversættelse og sønnen O. C. Molbech's revisioner. Resultatet er vellykket i æstetik, til gengæld kan teksten være svær at forstå, pga. nødvendige tekniske sætningsændringer. Et eksempel på denne opbygning kan ses herunder (fig. 8), samme tekst-sted som før:

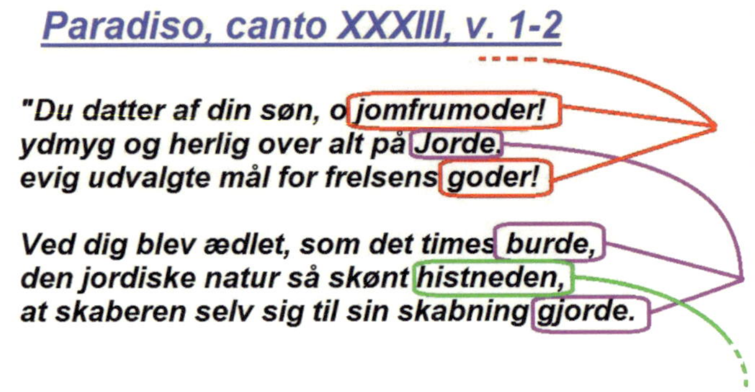

*Fig. 8: Rim-opbygning, i O. C. Molbech's version **Alighieri, D.** (1966)*

Pilgrimsrejse

Digtet kan **også** læses som en beskrivelse af en sjælelig pilgrimsrejse, hvor pilgrimmen – den snart 35 år Dante – foretager en allegorisk rejse gennem de tre riger, der venter efter døden, for til sidst at opnå erkendelse. Denne rejse beskrives af den ældre forfatter Dante, der i sit livs periode mellem 45 og 55 år fortæller og reflekterer, og derved kombinerer pilgrimmens ungdom med erfaringen. Denne holdning bæres af mange kommentatorer[25].

Den høviske tradition

Man kan **også** vælge at se digtet som en forlængelse af den høviske tradition, eller trubadur / ridder-traditionen:

> *En ridder opvarter en fornem dame. Hun er uopnåelig, fordi hun allerede er gift. Det gør dog ikke noget, da han elsker hende efter den høviske kærlighed love, der rummede 4 elementer: Ydmyghed, høflighed, troskab og kærlighed som religion[26].*

Og videre:

> *Afgørende var kærligheden mellem mand og kvinde, 1100-tallets store opfindelse. Den blev skabt i trubadurlyrikkens "fin'amor", der var en forfinet erotik, ikke sex, passion eller forførelse. Den tilbedende elsker underkaster sig her ydmygt sin dame, der er uopnåelig, oftest gift med en anden.[27]*

Her er det Dante, som er trubaduren, og som besynger, hvordan han gennem trængsler for både sjæl og legeme, men med støtte af en god ven og ikke mindst Gud, til sidst opnår at mødes med sit elskede forbillede – den underskønne Beatrice – for endeligt at erkende, at bag hende står en højere magt, som er det skjulte mål, Dante i realiteten skal nå frem til.

---

25 F.eks. **Lagercrantz, O. (1964)**.
26 **Egeberg et al (2000)**, s. 56.
27 Citat: http://denstoredanske.dk/Kunst_og_kultur/Litteratur/Genrebegreber/h%C3%B8visk_litteratur

Teologisk / naturvidenskabelig sammenfatning

Selvfølgelig kan digtet **også** opfattes som en bogstavelig teologisk og naturvidenskabelig sammenfatning af, hvordan Kirken i senmiddelalderen opfattede dødsriget og i det hele taget verdensordenen: <u>Alt på sin rette plads</u>, sådan som Gud havde bestemt det. Sikkert er det, at sådan har mange af eftertidens læsere opfattet digtet, ikke mindst den katolske kirke, som det ses af dette opslag i "**Catholic Encycclopedia**":

> *La Divina Comedia er titlen på en tre-delt allegori, skrevet af Dante Alighieri i 1321 i den verseform, der kaldes <u>terza rima</u>. Det er opdelt i **Inferno**, beskrivelse af Helvedet; **Purgatorio**, beskrivelse af Skærsilden; og **Paradiso**, beskrivelse af Himlen. Hver opdeling er skrevet i en fantasifuld maner, men viser stor indsigt i Kirkefædrernes teologi.[28]*

Det er vigtigt at forstå, at Dante ikke har til hensigt at være teolog. Godt nok indeholder værket tidens teologiske forståelse af Universet, men der er ingen konkrete, mystiske henvisninger. Således er der f.eks. ikke givet navne på nogen af de ellers så markante engle – dette er bevidst; Dante ønsker digtet som allegori.

Man bemærker ved læsningen af digtet, at ikke kun tidens teologi, men også tidens naturvidenskab indgår. Verdensbilledet er det Ptolemæiske, efter den græske astronom og geograf **Claudius Ptolemæus** (100 – ca. 170). Denne tanke er oprindeligt baseret på den græske filosof **Aristoteles** tan-

---

28 **Broderick, R. C. (ed) (1987)**, min oversættelse.

ker (384 f.Kr – 322 f.Kr.) – se fig. 9[29]). Aristoteles selv finder vi i Limbo, stedet for de udøbte og retfærdige hedninge:

"Mit bryn jeg hæved lidt, og så den ene,
der mesternavn blandt Jordens vismænd bærer,
på engen hvilte sig, men ej alene;"[30]

Jorden er verdens centrum, den er naturligvis rund (det har man vidst siden Aristoteles tid, eller før!), og da alting falder imod Jorden, må man slutte, at da Djævelen blev nedstyrtet, endte han inde i Jordens midte.

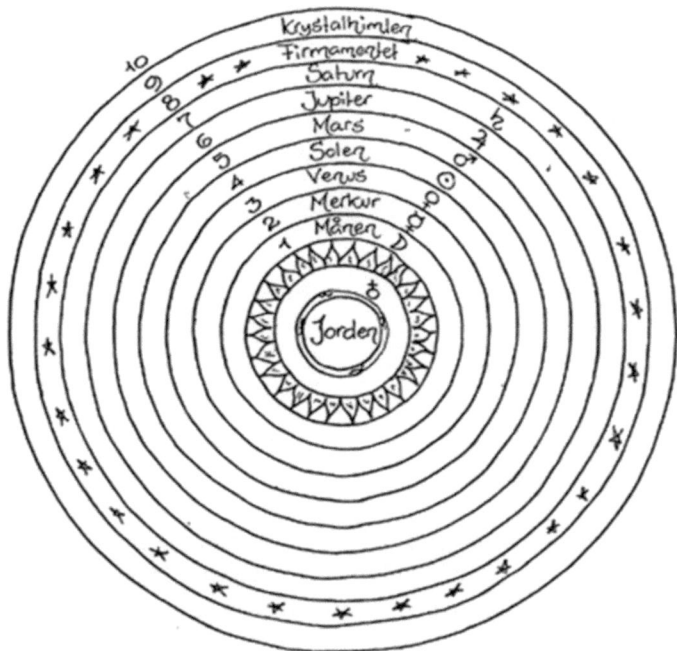

Fig. 9: Det Ptolemæiske Verdensbillede.

---

29 Figur fra http://annefrederiksen.dk/Dansk/Forfatter/Holberg/Erasmus/ErasmusIII.htm
30 **Alighieri, D. (1966)**, *Inferno*, IV v.130-132

41

Ptolemæus baserede sin bearbejdning af Aristoteles system på observationer og flere hundrede års optegnelser. De pæne cirkler, som Aristoteles havde forestillet sig, kunne ikke opretholdes alene; der måtte et "fif"" til – de såkaldte epicykler, hvor planeterne bevæger sig i cirkler uden på den primære planet-cirkel (se Fig. 10).

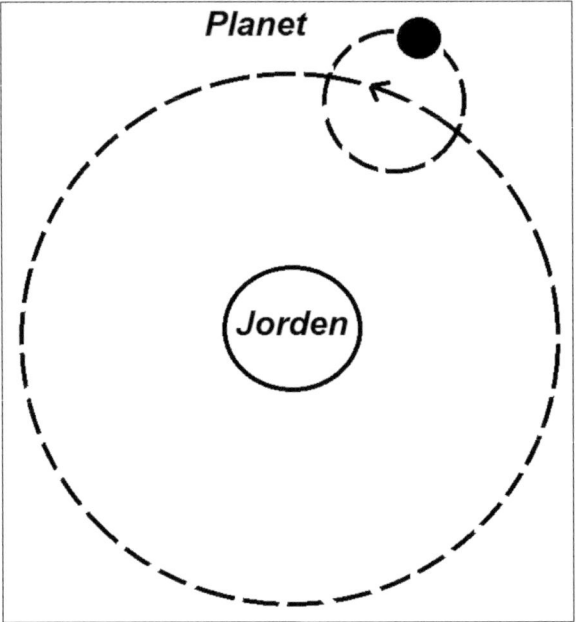

Fig. 10: Epicykler

Bemærk altså, at alle planeter – incl. Solen, som også er en planet i dette verdensbillede – omløber den faste Jord. Jorden selv er ikke en planet i dette verdensbillede, den er det faste sted i Universet.

Kirken kunne godt lide dette billede, ikke kun fordi det var stærkt hierarkisk, som samfundet i øvrigt også var, men også fordi det var i logisk samklang med Bibelen[31]:

31   Josua, kap. 10 v.12-13.

Ved den lejlighed, den dag Herren gav amoritter-
ne i israelitternes magt, talte Josua til Herren og
sagde: "Sol, stat stille i Gibeon, og måne i Ajja-
lons dal!". Og solen stod stille, og månen stand-
sede, til folket fik hævn over fjenden.

I det hele taget var Dantes filosofi absolut opdateret med samtidens bedste videnskab. Her var **Thomas Aquinas** (1225 – 1274) især vigtig: Han havde lavet en fortolkning af Aristoteles, således at Kirken kunne acceptere dennes naturvidenskabelige principper, og Dante hviler stærkt på dette[32]. Dante placerer Aquinas i Paradiset[33], i Solens – dvs. Visdommens – sfære.

---

32 Det er derfor underligt, at Dante ikke nævner datidens store filosof (dvs. naturvidenskabsmand), **Roger Bacon** (1219-1292). Godt nok var Bacon kontroversiel, og døde i fængsel eller husarrest pga. sine holdninger (han var Franciskaner, og paven brød sig ikke om denne munkeordens påstand om fattigdom), men Bacon var kendt i universitetsmiljøet, og Dante har uden tvivl hørt om ham – eller om **Dr. Mirabilis**, som hans tilnavn også var.

33 **Alighieri, D. (1966)**, *Paradiso*, X v. 82-99

Introduktion til komedien

Dantes værk kaldes en komedie, fordi den ikke ender tragisk – den er som sådan ikke noget at more sig over, den er nærmere beregnet til eftertanke og æstetisk nydelse.

Dante beskriver en åndelig rejse, hvor han skal lutres for sine synder og erkende de mange muligheder for at falde tilbage i dårlige vaner. Han skal forstå, at fremtiden vil give ham udfordringer, men han kan samtidig forvente Himlens hjælp, og han vil opleve den åndelige og spirituelle kærlighed. Denne rejse finder sted gennem de tre store riger:

I. *Inferno* – Helvedet: **Uangret** oprører mod sig selv, mod andre og mod Gud.

II. *Purgatorio* – Skærsilden: **Angret og skriftet / tilgivet** oprører mod Gud, dødssynder.

III. *Paradiso* – Paradiset: **Renset** eller skyldfri, Guds nærvær og nåde.

Et kort over rejsen vil være en fordel. Vi starter med *Inferno*, hvor mange findes. Her er Botticelli's illustration en af de mest kendte – i hvert fald er den både en af de ældste, dramatiske og mest detaljerede, og har derfor inspireret mange senere. Et mere detaljeret kort, som også indeholder dage og klokkeslæt for vandringen gennem Inferno, er gengivet her (fig. 11). Arkitekturen følger nøje Botticellis.

Inferno

I Dantes tid var alting på sin rette plads. Den skolastiske lære, som Thomas Aquinas havde forfinet, tog sit udgangspunkt i Aristoteles og den sunde fornuft. Verden var hierar-

45

kisk inddelt, de få styrede de mange, og øverst var naturligvis Gud. En sten, der blev tabt, ville søge sin naturlige plads i tilværelsen, dvs. nederst, hvor luft naturligt steg opefter.

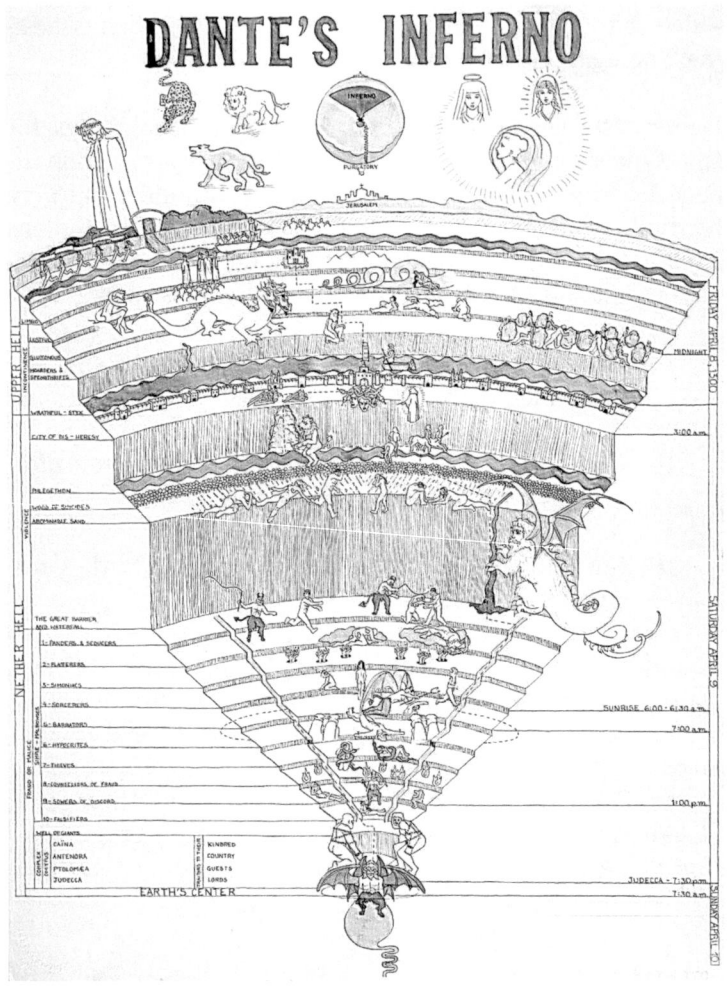

Fig. 11: Inferno (ukendt kilde, fundet på Google)

Alle ting havde en egen tendens til at virkeliggøre sit eksistensgrundlag, og dermed kunne enhver hændelse tolkes som meningsfuld, fordi den havde som mål at opnå hensigten bag den pågældende tings eksistens.

Dette er det **teleologiske** synspunkt, som gør det klart hvad der er gode og onde gerninger: Hvis du gør noget, som ikke opfylder din egentlige eksistens formål, så er din handling ikke god – og det, du skal, er naturligvis altid at gå efter det, som Gud ønsker, du skal. Mennesket har en fri vilje og en forstand til at vælge den rette vej. På denne måde har de skæbner, vi bl.a. ser i Helvedet, altså *selv* valgt den vej, der førte dem til fordømmelsen. Vi kan have medlidenhed med dem, men vi må huske, at de selv valgte!

Helvedet er et tragtformet hul i Jorden – man må forestille sig, at hullet er overdækket, så der kun er få steder, hvor en vandrer kan forvilde sig ind i denne underjordiske verden. Hullet er dannet, dengang **Satan** og hans dæmoner kæmpede mod Gud og blev nedstyrtet fra Himlen[34]. På det sted, hvor Satan ramte Jorden, ligger Jerusalem i dag.

Tallene 3 og dermed 9 (9 = 3 x 3) er gennemgående i arkitekturen, og Helvedet består da også af 9 koncentriske ringe. Jo dybere, man går, desto værre er den synd, man har gjort og desto værre er den straf, man har fået tildelt[35]:

• Forgården: De ubrugelige. *[Sang III]*

• Floden **Akheron**, med **Charon** som færgemand. *[Sang III]*

---

34 Johs. Åbenbaring, kap. 12 v. 9.
35 https://da.wikipedia.org/wiki/Den_guddommelige_Komedie#Helvede

- Første ring: Limbo med de udøbte og hedningene. *Minos* domssæde. *[Sang IV-V]*
- Anden ring: De tøjlesløst lidenskabelige. *[Sang V]*
- Tredje ring: <u>Øvre Helvede.</u> De glubske. Den trehovedet hund **Cerberus** vogter her. *[Sang VI]*
- Fjerde ring: De grådige og ødsle. *[Sang VII]*
- Femte ring: De hævngerrige og de hadefulde. *[Sang VII]*

- Floden **Styx** omslutter helvedesbyen *Dis*. Hvis man forestiller sig Styx som voldgrav, og Dis som bymuren, så er resten af Helvedet inden for murene. Sådan så mange byer ud i middelalderen, især Firenze selv (se fig. 4). *[Sang VIII-IX]*

- Sjette ring: <u>Nedre Helvede.</u> Kættere, gudsbespottere og epikuræere. *[Sang X-XI]*
- Syvende ring: Voldsmænd mod næsten, sig selv og Gud. *[Sang XII-XVI]*

- Efter dette er der en stor skrænt, som er næsten umulig at forcere. Den fører til det <u>dybe Helvede</u>, også kaldet *Malebolge* (de "onde dyb"). Uhyret **Geryon** – et vinget monster med menneskeansigt og dragekrop – vogter skrænten, han er løgnens uhyre. *[Sang XVII]*

- Ottende ring: De bedrageriske, skyldige i overlagt ondskab. Denne ring er inddelt i 10 dyb, der holder forførere, smigrere, simonister, falske profeter, korrupte politikere, hyklere, tyve, falske rådgvere, tvedragtstiftere og falsknere. *[Sang XVIII-XXX]*

- Mellem den ottende og niende ring vogter giganterne fra klassisk og bibelsk mytologi. *[Sang XXXI]*

- Niende ring: Forrædere, frosset fast i floden **Cocytus**. Her er dem, der forrådte slægtninge, sit eget folk, deres gæster og endelig dem, der forrådte deres herrer og velgørere. Her har *Satan* sin placering! *[Sang XXXII-XXXIII]*

Satan selv sidder netop i Jordens centrum – det dybeste sted, hvor noget kan komme. Han er på sin rette plads, intet kan komme dybere end ham, og det er der, hvor den dybeste ondskab er.

Men det er muligt at komme forbi ham: Vover man sig forbi hans hofte, finder man en snæver tunnel, der følger Satans lår og læg – her skal man vende sig rundt, for nu er vejen ikke længere nedad, den går *opad*! I Jordens centrum skifter alle retning fra **ned** til **op**, fordi alle veje går op. Det næste stop er Skærsilden – *Purgatorio*.

Purgatorio

På den anden side af Jorden er Skærsilds-øen, en ø i Verdenshavet. Denne ø domineres af Skærsilds-bjerget (se fig. 12), som synderne skal bestige.

I modsætning til Helvedet er der håb: Man er ikke dømt til altid at være det samme sted, man bevæger sig opefter, og målet forude er ikke utilgængeligt. Derfor hjælper alle hinanden, og alle er medfølende med hinanden i større eller mindre grad.

De, der er på Skærsilds-øen, enten de er på stranden eller på vej op ad bjerget, er ikke skyldfrie, men deres synder kan tilgives dem. Dette kan ske gennem forbøn, eller gennem aflad dvs. Kirkens tilgivelse. Paven har magt til at mildne straffe for dem, der er i Purgatorio.

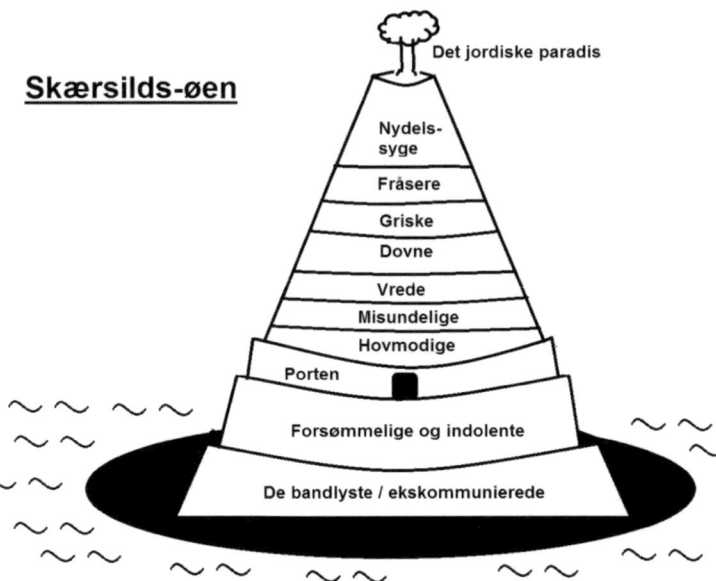

Skærsilds-øen

Det jordiske paradis

Nydels-syge

Fråsere

Griske

Dovne

Vrede

Misundelige

Hovmodige

Porten

Forsømmelige og indolente

De bandlyste / ekskommunierede

Fig. 12: Skærsilds-øen / Purgatorio

Vi kalder det for Skærsilden, men det rette navn er **Purgatorio**, som henviser til, at ens synder bliver renset (*purgato*). Også Purgatorio er opdelt i 9 dele, men de første to er forbeholdt *Ante-purgatorio*, dvs. det der kommer før Skærsilden. På dette sted finder man:

- Stranden (landingsstedet for sjælene). *[Sang I-II]*

- De bandlyste, de efterladne og dem, der led en pludselig død: De nåede at angre, men fik ikke aflad for deres synder, og må derfor vente her. *[Sang III-VI]*

- De forsømmelige / indolente – her er dårlige kejsere og konger. *[Sang VII-VIII]*

- Adgangen til selve skærsilds-bjerget sker gennem en port, der vogtes af en engel, som sidder med en bog med alle menneskenes synder nedskrevet. *[Sang IX]*

- Herefter følger syv ringe, inddelt efter de syv dødssynder:

  - Hovmodige eller stolte. *[Sang X-XII]*
  - Misundelige. *[Sang XIII-XV]*
  - Vredagtige. *[Sang XV-XVII]*
  - Sløve. *[Sang XVII-XVIII]*
  - Gerrige og ødsle. *[Sang XIX-XXI]*
  - Frådsere. Sang *[Sang XXII-XXIV]*
  - Nydelsessyge eller utugtige. *[Sang XXV-XXVI]*

  Man opholder sig hvert sted en tid, der er bestemt af voldsomheden af den synd, man gjorde i livet, hvorefter man så bevæger sig videre til næste station.

- Ved udgangen af Skærsilden skal man gennemet kort flammehav, for at lutre den sidste syn bort. *[Sang XXVII]*

- *Det Jordiske Paradis*, eller Edens Have. Hertil, og ikke længere, kan Vergil komme – efter dette sted finder vi *Paradiso*, det Himmelske paradis. *[Sang XXVIII-XXX]*

Paradiso

Det er et paradoks, at dette er det mest attråværdige sted at være – og samtidigt det mest uhåndgribelige og besværlige sted at beskrive. Men det Himmelske Paradis er en åndelig tilværelse, ikke fysisk, og dermed må sproget mangle.

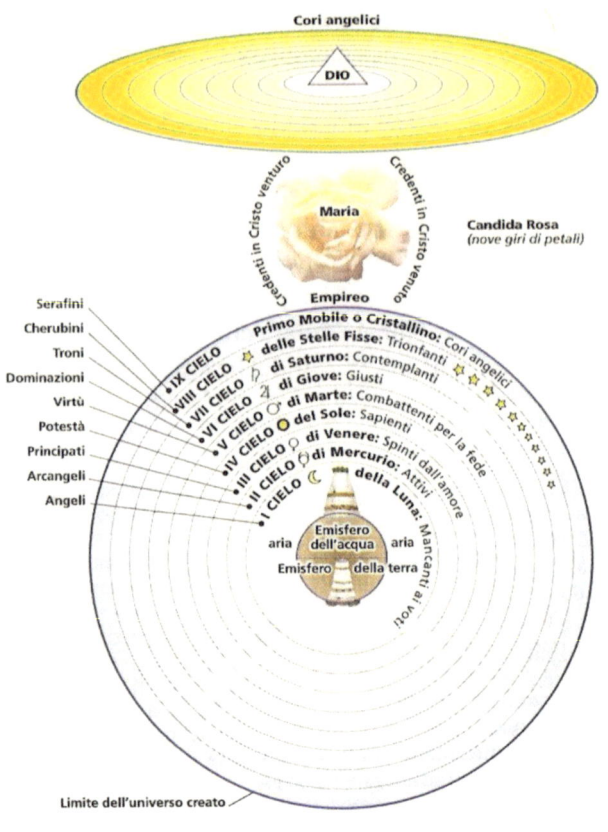

Fig. 13: Paradiso (ukendt kilde,fundet på Google)

En af de smukkeste og klareste illustrationer er denne (fig. 13). Inderst ser vi Jorden med *Inferno* nederst – herfra springer Skærsilds-bjerget op, og endelig har vi Paradiso.

Også *Paradiso* har en stram struktur! Man kan ikke indtræde her, tynget af skam og bedrøvelse over ens tidligere synder. De er væk nu, fra nu af er nåden givet. Derfor bader man i **Lethe**, som er grænsen mellem det Jordiske og det Himmelske paradis, og floden bortvasker erindringen om de jordiske synder.

Der er nu ni sfærer, hvor Jorden kaster sin skygge (og sine moralske mangler) på de tre første. De sjæle, som man møder her, er genspejlinger eller åbenbaringer i forhold til deres moralske modenhed – sjælene selv er i **Empyrium**. De ni sfærer er:

* Månens sfære: Dem der var gode i ånden, men opgav deres klosterløfte. *[Sang II-V]*
* Merkur-sfæren: Dem der var gode i ånden, men higede efter ære og berømmelse. *[Sang V-VII]*
* Venus-sfæren: Dem der var gode i ånden, fyldt af kærlighed, men med ubændig lidenskab eller promiskuitet. *[Sang VIII-IX]*
* Solens sfære: De vises sfære, med to koncentriske cirkler med hver 12 helgener. *[Sang X-XIV]*
* Mars-sfæren: Dem der kæmpede for kristendommen. *[Sang XIV-XVIII]*
* Jupiter-sfæren: Retfærdige monarker og regenter. *[Sang XVIII-XX]*
* Saturn: Dem der viede livet til religiøs kontemplation. *[Sang XXI-XXII]*
* Fiksstjernenes sfære: De salige, Kristus og Maria. *[Sang XXII-XXVII]*
* Primum Mobile: Englene. *[Sang XXVII-XXIX]*

Herefter er **Empyrium**, det egentlige Paradis, Himlens forsamling, der danner form som af en rose. De, der tror på Kristus genkomst. *[Sang XXX-XXIII]*

Og derefter Gud: Skabelsens mysterium, Tre-enigheden, Menneskesønnen og Inkarnationens mysterium.

Til sidst: Ingen ord kan længere beskrive **DEN DER ER**.

I. *Inferno*

Den første sang i *Inferno* introducerer komediens begyndelse, og er derfor "uden for nummer". Den er på samme måde som en ouverture en del af stykket, men regnes alligevel ikke helt med til handlingen. Alligevel kan vi på ingen måde negligere den: Dette er det litterære sted, hvor vi møder Dante, vi møder hans første rejsefører, og vi får en antydning af hvilken vej, rejsen vil føre os.

Nogle litterære værker har det som musik. Vi kan genkende dem øjeblikkeligt, når vi hører de første strofer. Således er det også med *la comedia*, vi genkender med det samme værket, når vi hører følgende strofe:

> *På midten af vor bane gennem livet*
> *jeg fandt mig i en skovs bælgmørke sale,*
> *forvildet fra den vej, som var mig givet*[36].

Digteren – eller pilgrimmen, som vi hellere må kalde ham – møder vi, midtvejs i hans liv, dvs. lige før han fylder 35 år (et fuldt liv regnedes som 70 år[37]). Det er Skærtorsdag, året er 1300 – det nye Jubelår – og datoen er d. 7 april. Dante er faret vild i en stor skov, han har gået og halvsovet på vejen, og er kommet til at gå ned i en fremmed dal.

Da han vender sig for at gå op og tilbage, bliver han stoppet af tre ildevarslende væsener: En leopard (eller panter), en løve og en ulv spærrer ham vejen, og driver ham tilbage mod dalens mørke!

Nu ved læseren allerede, at vi har fat i en allegori. Leoparden symboliserer lystenhed, løven hovmod, og den udsultede

---

36 **Alighieri, D. (1966)**, *Inferno*, I v. 1-3.
37 Salmerne, kap. 90 v.10.

ulv repræsenterer gerrighed og griskhed. Og ikke mindst er ulven det gamle symbol på Rom, og derved på paven, som Dante opfatter grisk. Men dette er ikke kun ydre synder, det er også Dantes egne synder, som er ved at fortære ham, og hindre ham i at gå derhen, hvor han skal. Dante ved det endnu ikke, men han er på vej til at få en opdragelsesrejse, der skal lutre hans sjæl.

Med de tre truende dyr omkring sig ved Dante ikke hvad han skal gøre – da kommer der en person (et menneske eller en ånd) mod ham, som Dante anråber. Og manden giver sig til kende:

> *"Mand var jeg før," sagde han, "for sekler siden;*
> *fra Lombardiet var mine forældre,*
> *og Mantua var fædreland for begge.*

> *Sub Julio[38] fødtes jeg, skønt sent, og leved*
> *i Rom under Augustus' vise styre,*
> *dengang man endnu tilbad falske guder.*

> *Dér blev jeg digter, og besang Anchises'*
> *retskafne søn, han som drog ud af Troja*
> *da Ilions stolte borg blev lagt i aske."[39]*

Det var præsentation nok: Den lærde Dante vidste straks, hvem denne ånd var: Intet mindre end den store, romerske digter **Vergil**.

---

38 *Sub Julio* = under Julius, dvs. Julius Cæsar.
39 **Alighieri, D. (2000)**, *Inferno*, I v. 67-74.

Vergil og Æneas – Homer og Odysseen

Dante kunne ikke ønske sig en bedre rejseleder end denne mest betydende italienske – eller latinske – digter, *Publius Vergilius Maro*, bedre kendt som *Vergil*. Han levede i provinsen *Mantua*, i den før-kristne romerske tid (15 oktober 70 f.kr. - 21 september 19 f.kr.), dvs. han var født under Gaius Julius Cæsar, og oplevede også kejser Augustus[40].

Vergils måske vigtigste værk, **Æneiden**, beskriver den tapre, mytiske trojanske kriger *Æneas*, fra hans deltagelse i den trojanske krig (han beskriver bl.a. hvordan den store hest blev ført ind i byen *Ilion* – dvs. Troja), hans videre færd mod Italien og hans medvirken til at oprette den latinske / italienske stat.

Æneiden blev kendt over hele Europa, og var litteratur – som Iliaden og Odyseen – som alle forventedes at have læst, hvis man studerede græsk og latin. Dermed kendte ikke alene Dante værket, men også hans egne læsere kendte det. Og dermed var alle klar over, at Vergil naturligvis kendte til vejen gennem Helvedet.

Æneidens sjette sang[41] handler netop om, hvordan Æneas drager gennem Dødsriget for at møde sin afdøde far **Anchises**, for derved at kunne rådspørge denne om hans slægt og om Italiens skæbne. Faderen fortæller Æneas om de fremtidige, store personligheder, som skaber Rom, bl.a. Romulus, og slutter med den hellige kejser Augustus. Vergil

---

40   Kendt fra Luk., kap. 2, v. 1.
41   **Vergil (1964)**, s. 128ff.

lader således Æneas være grundlæggeren af Italien, idet han er forfader (morfar) til Romulus, der er Roms grundlægger[42].

Æneas er ikke alene, hans vej ledes af Sibyllen fra Cumae (det sydlige Italien), og han møder mange af de samme stier, som senere Dante også betræder. Her straffes forskellige syndere: Forrædere mod familien, ægteskabsbrydere, blodskamsforbrydere, landsforrædere, gudsforagtere, selvmordere straffes alle på forskellig vis. Men der er også andre steder, hvor der er mere opmuntrende:

> "Kom de til glade Egne, til yndige Lunde med
> grønne
> Hvilepladser iblandt: de saliges Bolig var nået,
> Højere hvælved sig Luften her over Vang, og der
> stråler
> Purpurglans; her er egen Sol, her er særlige
> Stjerner."[43]

Men der er alligevel en meget stor forskel: Efter Vergils død er Kristus kommet, og Dødsriget har dermed ændret sig i kristen retning.

Æneiden var selv inspireret af ældre klassiske værker, ikke mindst Homers **Illiaden** og **Odysseen** (skrevet ca. år 700 f.Kr.). Historien om Odysseus besøg i dødsriget findes i Odysseens 11. sang, men er langt mere grå og dunkel end Vergils. Det er kun få, der straffes (Tityos, Tantalos, Sisyphos); de fleste døde går kun triste og tavse omkring, men et blodoffer kan få dem til at tale sandhed. Odysseus møder Achilleus, og mener, at denne – som jo en konge blandt de døde – ikke har grund til at klage, men:

---

42 Det underlige er, at Anchises ikke omtaler Remulus: Ifølge legenden blev Rom grundlagt af de to tvillinger Romulus og Remulus, der blev opfostret af en hunulv.

43 **Vergil (1964)**, VI sang, v. 638-641.

"Trøst mig ej for min død, du strålende søn af Laërtes!
Heller jeg ville som træl på markerne slide for dagløn,
hyret af trængende mand, som kun det nødvendigste ejer,
end over samtlige døde befale som øverste herre."[44]

Af andre kilder til besøg i dødsriget, som Vergil kendte til, var naturligvis **Herakles**, der som en af sine mange opgaver skulle stjæle dødsrigets trehovede vagthund **Kerberos**; **Theseus** og **Peirithoos**, der ville stjæle Persefone og ikke mindst **Orfeus**, der ville hente sin døde hustru **Eurydike** tilbage.

Alle disse kilder kendte Dante naturligvis også – han benævner sig selv som discipel af Vergil – og det er derfor forventeligt, at vi møder nogle af de store, græske navne. Dante har brugt samme navne for floder og steder som Vergil og Homer, og han har også brugt de samme vogtere *(Charon* og *Minos)*.

Formålet med rejsen

Vergil forklarer Dante, at de ikke kan komme gennem skoven, men skal gå gennem de tre dødsriger: Inferno, Purgatorio, og til slut, Paradiso! Dette skræmmer Dante, der slet ikke ser sig som en helt som Æneas. Men Vergil beroligere ham: Han er blevet sendt til Dante af en himmelsk frue: Selveste Beatrice, som kender Dante fra hans kærlighed, er sammen med Lucia og Rachel blevet opmærksom på at Dante er ved at miste den rette vej – derfor ønsker de nu, at Ver-

---

44 **Homer (1979)**, XI sang, v. 488-491.

gil skal være Dantes fører væk fra den dystre skov. Og Dante
hanker op i sit mod, og lader Vergil starte vandringen.

Helvedets port

Her er endnu et af de steder, der er blevet kendt i verdenslit-
teraturen: Over indgangen til Helvedet, over den port, der
skiller de levendes verden fra de fortabtes – for der er en an-
den indgang, der fører til Skærsilden, men den er på den an-
den side af Jorden – der hænger et skilt, som med hårde ord
fortæller, hvor vi er (fig. 14):

Fig. 14: Porten til Helvedet. Stik af Gustave Doré.

*"Jeg fører ind til staden, fuld af jammer,
jeg fører ind til evig kval og møje,
jeg fører ind til de fortabtes flammer.*

Retfærdighed bevæged først min høje
bygmesters ånd, og de, mig bygged, vare
almagt, alkærlighed, alvisdoms øje.

Før mig var ikkun af det skabtes skare
det evige til, og jeg skal evig stande:
I, som indtræder, lader håbet fare!*"*[45]

Dante fortvivler, da han læser disse ord, men de skal faktisk forstås kærligt:

* De første tre linjer fortæller, hvad porten fører ind til: Dette er Helvedet, hvor de fortabte er.

* De tre næste linjer siger, at det, der byggede Porten – og dermed Helvedet – var ønsket om retfærdighed, baseret på Guds magt, kærlighed og visdom, altså ikke et blindt ønske om hævn, men om retfærdighed.

* De sidste linjer siger to ting: Porten blev skabt efter Verdens skabelse; og hvem den vogter, kan ikke nøjes med at håbe, men skal forvente retfærdighed. Det er en doms-port, men med en streng retfærdighed!

Forgården, Charon og den Første kreds: Limbo

Det første, Dante møder efter porten, er Helvedets forgård. Her er de, der ikke valgte side mellem Gud og Satan, det er dem, som *"både Herren og hans fjender vragede"*. Med andre ord, de lunkne! Man mindes Johannes brev til menigheden i Laodikea:

---

45   **Alighieri, D. (1966)**, *Inferno*, II v. 1-9.

"Jeg kender dine gerninger, du er hverken kold
eller varm. Gid du var kold eller varm! Derfor,
fordi du er lunken og hverken varm eller kold, har
jeg i sinde at udspy dig af min mund."[46]

Mens de løber evigt efter et banner, som selv skifter retning, synes Dante, han ser **Pilatus** løbe afsted. Men dette er ikke et sted at hvile: Vergil og Dante er ved bredden af floden **Acheron**, hvor færgemanden, dæmonen **Charon**, bestandigt fragter fortabte sjæle over: Her kommer kun de, der døde i Herrens vrede! Vergil skaffer dem dog adgang ved at forholde Charon, at de er på et uopsætteligt ærinde fra Himlen: "Så vil man dér, hvor hvad man *vil* – man *kræver!*"[47]

Turen over floden er så angstprovokerende, at Dante besvimer – og det gør han forresten ofte i Inferno, så Vergil må ofte trøste ham, skænde på ham og i det hele taget motivere pilgrimmen til at gå videre.

De er kommet til den første kreds. Dante står på kanten til den store afgrund. Der er tåget og en tæt skov fører nedefter: Han kan intet se! Her er der ingen gråd, men kun sorgfyldte suk: Dette er **Limbo**, stedet for de skyldfri hedninge, de retfærdige men udøbte[48]. Vergil selv hører til her, for han døde, før Kristus og den kristne dåb kom ind i verden. Dante undrer sig, og spørger om disse er her for evigt. Vergil fortæller, at da han var ny på dette sted, kom der *"en mægtig"* hertil, som hentede flere med sig til Himlen: Adam, Abel, Noah, Moses og flere andre. Men før disse forlod ingen ellers dette sted![49]

---

46 Åbenb., kap. 3, v. 15-16
47 **Alighieri, D. (1966)**, *Inferno*, III v. 95.
48 Børn, der dør inden dåben, er også her.
49 Jf. **Grudtvig, N.S. (DS 243)**, f.eks. vers 18: *Fra Helvede steg nu den Herre saa bold, / Ham fulgde saa faver en Skare, / Som Solen paa Skyer, han sattes paa Skjold, / Propheterne alle ham bare!*

Dante blive nu introduceret for antikkens fem store digtere: Homer, Horats, Ovid og Lucan – Vergil er den femte, og til stor ære for Dante optages han nu blandt disse. Videre på dette sted ser Dante flere af de værdigste hedninge: Elektra, Cæsar, Æneas, Platon, Sokrates, Hippokrates, Aristoteles – og forbløffende nok, **Saladin** (død 1193), den store muslimske hærfører mod Korsfarerne. Saladin havde fået et ry som en generøs og ridderlig fyrste, så selv om han var en modstander, så var han en retfærdig hedning.

Minos. Anden kreds: Vellystige

Foran Dante ser han nu Minos, den tidligere konge over Kreta, og "papfar" til Minotaurus (halv tyr, halv menneske). Nu er han Helvedets dommer, som bestemmer hvor den fordømte skal anbringes. Minos selv er ændret: Han har en gigantisk hale, og når han dømmer en sjæl, bruger han halen til at vise hvor sjælens rette plads er.

Dante og Vergil passerer forbi Minos – de skal jo ikke dømmes – og kommer nu til det sted, hvor de syndere er, som *"begik den kødets synd at sætte lysten og lidenskaben højere end fornuftens"*[50]. Her kastes sjælene hid og did af stærke orkaner og vinde: De kan ikke stoppe længe, før vindene pisker dem rundt igen. Her møder Dante mange, som han kender fra de gamle skrifter: Kleopatra, Helena fra Troja, Akilleus, Paris, Tristan... Men et par vækker hans interesse: Det er **Francesca** og **Paolo**, der blev myrdet af hendes skinsyge ægtemand i Rimini – Dante kendte til dem, dette drab skete, mens hans selv længtes efter Beatrice, men da var hun blevet gift – dette kunne have været Dantes egen skæbne! Han overvældes, og besvimer.

---

50 **Alighieri, D. (2000)**, *Inferno*, V v. 38-39.

Frådsere, grådige, ødsle, hævngerrige, hadefulde

Nu fandt Dante sig i <u>Øvre Helvede</u>, den *tredje* kreds. Klamt, koldt, våde regnskyl, sort vand, hagl og sne pisker ham i ansigtet. Da ser han vogteren, den trehovede helvedeshund Cerberus, med vilde øjne og voldsomme kløer. Den flænser sjælene, der ligger der, og ville kaste sig over vandrerne, hvis ikke Vergil havde smidt nogle håndfulde jord i de tre svælg. Mens de går gennem mudderet, træder de på tavse sjæle, der ligger med ansigtet nedad – kun en rejser sig, men Dante kender ham, dog kun med besvær: Det er Ciacco fra Firenze, med tilnavnet "Svinet", et passende navn for en frådser, skørlevner og drukkenbolt. Dante spørge, om Ciacco ved, hvordan det vil gå Firenze, og Ciacco profeterer, at kampene vil fortsætte, og at de Sorte vil vinde. Herefter falder Ciacco tilbage i mudderet, og Vergil konstaterer: Han siger ikke mere, før Dommedag.

De mødes nu af Pluto, rigdommens gud, men nu vogter af den *fjerde* kreds, hvortil grådige og ødsle er forvist. Pluto råber mod dem *"Papè Satan, papè Satan aleppe"* - et råb, som ingen ved, hvad betyder! Vergil beder dæmonen om at tie stille, og nu ser Dante et meningsløst skue: Folk flytter store stenblokke rundt, de prøver at tage dem fra hinanden, mens de kalder hinanden for det værste. Dante ser flere gejstlige her, men ingen navne betyder noget. Vergil forholder Dante det tåbelige i at satse på Fortunas luner, og de fortsætter.

De krydser over et udspring, hvor en kilde med mørkedødt vand, fosser ud. De følger den nedad, og finder nu den *femte* kreds, hvor kilden løber ud i floden og sumpen **Styx**. De fordømte her står i mudderet, nøgne, og aggressive: De kaster sig over hinanden med både tænder og negle. Dette er de hævngerrige. Og fanget i dyndet, liggende under pløret, er dem, der hader alting, også dagens lys. Derfor ligger de her!

Overfart over Styx. Helvedesbyen *Dis*

Ved bredden venter de to på en båd, der kan fragte dem over den store sump, som Styx er, og Dante overraskes over den fart, som en lille båd kommer og lægger til hos dem. Det er Phlegias, tidligere græsk konge, der surmulende lader dem komme ombord – Dante ser, at først da han selv træder op i båden, synker den ned. Vergil vejer ikke noget, han er jo en ånd.

På vej gennem sumpen hører Dante en stemme fra vandet: *"Hvo kommer hid før tide?"*[51] Dante ser nærmere til, og genkender manden: Det er **Filippo Argenti**, en af de værste i slænget omkring Corso Donati, de Sortes leder i Firenze, og selv en grusom og hård mand mod de svage. Dante bliver vred, og støder Filippo tilbage i Styx, og ser til med tilfredshed, da denne af de andre fordømte i Styx bliver grebet og mishandlet. Og Dante får ros af Vergil!

På den anden side af Styx ser Dante tårne og mure af jern, med rødt flammeskær mellem buerne. I lang tid sejler de rundt om denne befæstning: Dette er byen **Dis**, og på den anden side af den er de værste dele af Helvedet. Der er ingen vej udenom, de skal igennem – men Dante og Vergil finder porten lukket, og de bliver mødt med hånende og truende ord. Vergil blegner, han finder trøst i tanken om, at de er på et uopsætteligt himmelsk ærinde, men også Vergil bliver angst. Vogterne på murene af Dis er furierne, frygtelige væsener: **Megæa**, **Alekto** og **Tisiphone**, med slanger og øgler over deres kroppe! Og nu kaldte de på den grusomme gorgon **Medusa** – hun, som kunne forstene dødelige med sit blik (Fig. 15)!

---

51 **Alighieri, D. (1966)**, *Inferno*, VIII v. 33

Fig. 15: Gorgonen Medusa

Vergil vender Dante om, og lukker hans øjne – han lægger endog sine egne hænder på Dantes øjne, for at sikre at Dante ikke ser det frygtelige væsen. Men kort tid efter hører de en stor brusen, som af en storm, og Vergil lader Dante se: En mægtig engel, måske ærkeenglen Michael, kom gående ubesværet, tværs over Styx – og med ringeagt stødte han porten op, mens han lod dem derinde vide, at de intet var værd, og intet kunne stille op. Derefter forlod englen stedet, uden i øvrigt at ænse hverken Dante eller Vergil, der nu uantastet kunne gå gennem porten – til den *sjette* kreds.

Kættere, gudsbespottere

De er nu kommet til det <u>Nedre Helvede</u>. Inden for murerne er det ene gravsted efter det andet, lavet af sten, og fyldt af hede flammer, der ville kunne smelte jern. I disse gravsteder ligger kætterne, tros-forrædderne og gudsbespotterne. Blandt de vigtigste her finder vi **Farinata**, en af Dantes modstandere, men en stolt toskaner, der også ville beskytte Firenze – og derfor, en person, som Dante har respekt for. Også blandt disse folk bliver Dante profeteret glimt af fremtiden; dette er noget, de døde kan. Men de må videre...

Mens de forsigtigt bevæger sig ned af en vanskelig skrænt af brudte stenblokke, hvor de bliver plaget af en frygtelig stank, der kommer nedefra, fortæller Vergil om de tre næste kredse. Den syvende kreds, som de nu skal nå, er beregnet for voldsmænd. Den næste er dem, der bevidst bortøder verdens goder. Den sidste kreds er beregnet for forræderne, de svigagtige: Dette er den værste forbrydelse, for denne synd er kun menneskets egen!

Den syvende kreds: Voldsmænd

Denne kreds er delt i tre, for man kan gøre vold mod tre parter: Sin næste, sig selv og Gud. Den første inddeling er for mordere og røvere, men det første væsen, de møder her, er **Minotaurus** – kimæren fra Kreta, halv menneske, halvt tyr – der rasende udfordrede dem. De undslipper, og videre på deres vej, fortæller Vergil, at den skrænt, de var klatret ned af, ikke var der, sidst han kom forbi. Den var blevet dannet senere, på det tidspunkt, hvor Kristus hentede sjæle fra afgrunden.

De nærmer sig nu blodfloden, **Phlegeton**, hvor de fordømte var nedsænket i større eller mindre grad i kogende blod. Kentaurer med buer og pile vogter over de voldsmænd, som er her: **Alexander den Store** og **Attila** – hunnerkongen – er her, og en af kentaurerne viser de vandrende et vadested, hvor floden kan forceres.

De er nu i en skov med giftige buske, sammenknudrede grene, kun sort løv og ingen frugter. Her vogter harpyerne; det er kimærer med fuglekrop og kvindehoved. Det, de vogter, er selvmorderne. Og dette er forunderligt: Hver busk, hvert træ, indeslutter en sjæl, der har myrdet sig selv. Harpyerne æder bladene, og skider på det – derved bliver selvmorderens pine større.

Dante og Vergil forlader skoven, og kommer til et stendige af marmor. På den anden side af det så de mange nøgne fordømte, i en sandørken – gloende hed, hvor der bestandigt dryssede med ildflager, der ramte de nøgne sjæle. Her er gudsbespotterne, som alle har travlt med at ryste de brændende flager af ild af sig. Men Dante ser en stor mand, der tilsyneladende ikke ænsede dem. Det var **Kapaneus**, en af de syv konger, som trodsede Zeus og gik i krig mod Theben.

Dante og Vergil fortsatte med at gå på stendiget, og møder snart en mand, som Dante kender særdeles godt: Det er **Brunetto Latini**, Dantes gamle og elskede lærer. Han er det sted, hvor sodomitter er, dvs. han er hos de homoseksuelle. Men Dante hverken kan eller vil fordømme ham, og i stedet vandrer de sammen i lang tid, Dante på stendiget og Latini i stenørkenen. Og de møder andre, der var anbragt for samme synd, men som hverken Dante eller Vergil kunne fordømme.

Geryon, ågerkarle

Dante og Vergil er nu nået til enden af stendiget, og ser ned i en dyb afgrund. Blodfloden Phlegeton styrter ned her i et hedt vandfald. Dante har et reb om livet, dette får Vergil nu, men overraskende bruger han det ikke til at klatre med – i stedet kaster han det uden videre i afgrunden! Men der er mening med det: Rebet tilkalder uhyret **Geryon**, der vogter afgrunden mellem 7. og 8. kreds. Geryon selv har et ansigt som en ærlig mand, men resten af kroppen er en slanges (fig. 15): Geryon er løgnens uhyre!

Fig. 16: Geryon. Af William Blake

Mens Vergil overtog forhandlingerne med Geryon, opfordrede han Dante til at se hvem, der var fordømt til dette sted. Og her var flere, som Dante kendte fra Firenze: Pengeudlånere og bankierer, eller rettere – ågerkarle, der ikke kun plages af de hede ildflager, men også må bære tunge punge om halsen, som viser hvem de var. Dante skyndte sig væk, han havde ikke lyst til at tale med dem – og i mellemtiden var Vergil og Geryon blevet enige om, at vandringsmændene kunne ride på Geryons ryg, ned til afgrundens bund. Ikke med Dantes gode vilje, forresten, så Vergil måtte trøste ham undervejs!

Ottende kreds: *Malebolge.*

Det er nu lørdag, d. 19 april år 1300. Dante og Vergil står nu i det Dybe Helvede, hvor de værste fordømte er anbragt. Her er de bedrageriske, skyldige i overlagt ondskab! Dante skriver:

> *"Der er et sted i helvede, dets navn er*
> <u>*Sorgkældrene;*</u> *af sten er alt dernede,*
> *jernfarvet, som den kreds, der stedet favner."*[52]

Sorgkældrene, eller M*alebolge:* det "onde dyb" – er det rette navn for det sted, de nu ser. Denne kreds er delt i 10 dyb eller grøfter, hvor de fordømte er anbragt efter kategori. De næste 13 sange bruger Dante på at beskrive stedet i detaljer, og han finder mange, som han enten selv har kendt eller hørt om, eller som figurerer i verdenshistorien. Fordelingen af sjælene er ikke tilfældig:

> *"Minos fordeler ikke de fordømte efter hvor frygtelige resultater, deres onde gerninger har haft.*
> *Han dømmer efter graden af bevidsthed, fri vilje og klogskab, der lå bag de gerninger. Jo bedre man kender sandheden, des større er den løgn, man kan sprede. Jo friere viljen er, når den vælger, des større er synden, når den vælger forkert.*
> *Derfor er de dybeste egne i Helvede reserveret for de sjæle, der har bidraget mest bevidst og kunstfærdigt til den store løgn."*[53]

I stedet for at gå i detaljer, bringer jeg en oversigt[54]. Det skal siges, at denne del af Inferno ikke er – om jeg så må sige –

---

52 **Alighieri, D. (1966)**, *Inferno*, XVIII v. 1-3
53 **Reich, E. K. (1991).**
54 Bearbejdet efter https://da.wikipedia.org/wiki/Den_guddommelige-_Komedie#Helvede .

kedelig, men der er mange fordømte, og det er ikke alle, vi kender i dag.

<u>Første grøft</u>: *Alfonser og forførere* drives ørkesløst rundt, med bar overkrop, mens de piskes af dæmoner. Antallet er så mange, at Dante kommer til at tænke på menneskemængden i Rom, der i Jubelåret skulle over broen til Engelsborg[55]. Dante får udpeget den græske helt, *Jason*, som forførte Medea til at give ham det Gyldne Skind.

<u>Anden grøft</u>: Siderne af denne grøft er dækket af skimmel, og fra dens dyb stiger en dunst af ammoniak: Her er *Smigrere*, nedsænket i en mødding og dækket af afføring. Vergil udpeger luderen *Thais*, der lod sine kunder tro, at de havde tilfredsstillet hende.

<u>Tredje grøft</u>: *Simonister*, dvs. de, der har solgt kirkelige embeder for penge, står med hovedet nedad i mørke huller, mens flammer brænder deres sprællende fodsåler. Dante genkender de fleste som paver! Pave *Nikolaus 3* udpeger to af sine efterfølgere som simonitter: Pave *Bonifacius 8* og pave *Clemens 5*[56], som Nikolaus mener er værre end både ham selv og Bonifacius tilsammen! Dante forfærdes over, hvad han ser, og udtaler, at der er meget lidt forskel mellem afgudsdyrkere og disse paver. De første dyrker kun én afgud, guldkalven - de andre dyrker mange.

<u>Fjerde grøft</u>: *Troldmænd, sandsigere og spåmænd*, hvis hoveder er vredet om, så de kun kan se fremtiden fra nakken, og deres tårer falder derfor på deres ryg. Dette syn ryster Dante så meget, at han selv bryder i gråd. Blandt de mange her møder Dante den skotske *Michael Scot* (1175-1235), en matematiker og naturvidenskabsmand, som oversatte flere værker af Aristoteles fra arabisk og hebraisk til latin. Han

---

55 *Inferno*, XVIII v. 25-33.
56 *Inferno*, XIX v. 53 og v. 81-84.

skrev flere alkymistiske og astrologiske værker, og det er disse, der får Dante til at anbringe ham i Helvedet[57].

Femte grøft: *Korrupte tjenere og politikere*, fanget i en indsø af kogende beg, hvor de ikke kan stikke hovedet op, uden igen at dyppes ned af djævlenes lanser. Synet er nærmest komisk, Dante skriver, at det ligner:

> *"Sålunde lader kokken sine svende*
> *med deres lange gafler kødet drive*
> *i kedlen ned, at det ej op skal vende."*[58]

Her har djævlene muntre navne (Giftsvans, Vingefold, Blodfjæs...), og er i det hele taget vældig oplivet af dette arbejde; de narres en gang i mellem af nogle af de fordømte, der vil stikke af – men alle vil dog blive indfanget igen, og atter dyppes ned i den kogende beg.

Sjette grøft: Her går *hyklere* i tunge, forgyldte blykapper. I middelalderen troede man at ordet for hykler, hyperkritos, kom af det græske ipér khritos (= udvendigt guld), derfor påklædningen. En enkelt synder ligger nøgen på jorden, spændt fast til tre pæle, og de andre fordømte må træde på ham, hver gang de går forbi: Det er ypperstepræsten **Kaifas**, som hyklede den uretfærdige dom over den rene Jesus. Vergil undres, for han kendte ikke historien – han døde jo, før Jesus kom til Jorden.

Syvende grøft: Med besvær kommer vandringsmændene ned til denne grøft. Her er *ransmænd og tyve*, mange med stort had til Gud: Dette er nogle af de værste fordømte, som Dante har set. De jages og bides af slanger. Biddene forvandler dem på ulige vis. Nogle brændes til aske, for så at genopstå,

---

57 1 . Samuel kap. 28 v3.ff
58 **Alighieri, D. (1966)**, *Inferno*, XXI v. 55-57

mens en florentiner smelter sammen med en seksbenet slange, og en anden bytter udseende med et firben.

<u>Ottende grøft:</u> *De falske rådgivere*, fanget i flammer. Dette er sjæle skyldige i svigefuld brug af deres intellekt og veltalenhed. På grund af deres roller i den trojanske krig, er **Odysseus** og **Diomedes** fanget i en todelt flamme. Odysseus fortæller om sin sidste rejse: Han overtalte sine mænd til at føre ham og hans skib gennem Herkules Søjler (Gibraltarstrædet), dreje til bagbord og videre sydpå, så langt som ingen før – i fem måneder havde de sejlet:

> *"Da endelig langt bor va'r vi blive*
> *en blålig klippe, med så høj en tinde,*
> *som ingen sinde før jeg så i live."*[59]

Odysseus havde set Skærsilds-øen, men hans skib sank, og alle omkom.

<u>Niende grøft:</u> *Tvedragtsstiftere*, dvs. de der har sået splid, får her deres kroppe skåret op af en sværdsvingende djævel, ogde må så gå grøften rundt således opskåret. De heles i løbet af runden, for så at skæres op på ny. Her finder vi **Muhammed**[60], og foran ham gik hans søn **Ali** – de er ikke sat her som kættere eller gudsbespottere, for Islam var en respekteret religion (Saladin selv var jo blandt de retfærdige hedninge). I stedet er de her, fordi de skabte ufred blandt både kristne og deres egne.

<u>Tiende grøft:</u> *Falsknere, dvs. alkymister, falskmøntnere, menedere og bedragere.* Hver af dem straffes ved at påføres en

---

59 **Alighieri, D. (1966)**, *Inferno*, XXIV v. 133-136
60 Denne placering har gjort, at visse islamistiske og uafhængige grupper har ment, at Dante var islamofob, og derfor burde forbydes. Et eksempel er gruppen Gherush92, der 29/1-2012 skrev en artikel, der stemplede *la comedia* som racistisk: http://www.gherush92.com/news.asp?tipo=A&id=2986

sygdom. Vi finder her, plaget af bylder og badet i sved, **Potifars hustru**, der falsk anklagede Josef for forsøg på voldtægt[61]. Ved siden af hende ligger **Sinon**[62], den falske træl, som overbeviste Trojanerne om at grækernes flåde var rejst, og at træhesten ikke var farlig.

Giganterne, niende kreds

Stadig på vej ned ser Dante nu noget, som han først tror er store tårne på en by. Vergil morer sig lidt, men fortæller Dante, at han tager fejl: Det er ikke tårne, men giganter – her er resultatet fra dengang, guds-sønnerne avlede børn med de jordiske kvinder[63]. **Nimrod** finder vi her, men han kan ikke længere forstå, hvad han selv siger[64].

Vergil overtaler kæmpen **Antæus**, søn af Posseidon og Gaia, til at løfte dem over en afgrund, ned i den niende kreds. Her knuger frosten bogstaveligt talt de fordømte til jorden: Isfloden **Cocytus** løber her, evigt frosset. Og i isen, neddykket alt efter hvor slem deres brøde var, finder vi de fordømte: Dette er forræderne! Af dem er der fire ringe:

Caina - Forrædere mod familien. Denne ring er opkaldt efter Kain, den første brodermorder.
Antenora - Forrædere mod fædrelandet. Opkaldt efter den trojanske fyrste Antenor, der forrådte sit hjemland.

---

61 1. Mose, kap. 39, v. 12-20
62 **Vergil (1964):** Sang 2, v. 79. Dette er et nik til Vergil, for Sinon kendes ikke i Odysseen.
63 1. Mose, kap. 6 v. 4.
64 1. Mose, kap. 10 v. 8-9. Nimrod går for at være den, der byggede Babelstårnet.

74

Ptolemea - Forrædere mod venner. Opkaldt efter makkabæ-erfyrsten Ptolemæus, der dræbte sin svigerfar og svogre, mens de var gæster i hans hus.

Fig. 17: Satan. Af Jean-Edouard Dargent, 1870

Dante kender flere her, som han med afsky synes er havnet det rigtige sted. Deres navne er i dag mindre kendte; men selv om de er fanget i isen, er de stadig hadefulde mod hinanden, og det smitter: Dante selv bliver vred, og river en af de fordømte i håret, da denne ikke vil give sit navn.

Det sidste ring er *Judecca* – Forrædere imod velgørere. Dette sted er det dybeste og koldeste sted i Helvedet, her er de fordømte helt neddykket under isen, anbragt i groteske stillinger. Og inderst inde, sidder **Satan** selv (fig. 17)!

Nedfrosset i isen sidder han, hvor hans store lædervinger bestandigt sender iskold luft gennem dybet, så Cocytus er evigt frosset. Han har tre ansigter, et rødt fortil, og sort og hvidt til siderne. Ned ad hans kinder flyder tårer, mens der fra mundene løber blodfråde. I hver mund har han en fordømt sjæl, som han bidder – den forreste bliver dog også sønderrevet af Satans kløer. Denne sjæl, der lider mest, er **Judas Iskariot**, han, der forrådte Jesus. De to andre er **Brutus** og **Cassius**, hovedmændene på mordet på Julius Cæsar.

Satan selv sidder fordømt og fortabt fast i isen, og plages af sine egne tanker om fraværet fra Gud. Han er uden magt, bundet til evig tid – impotent!

Og det i så høj grad, at han ikke engang kan eller vil standse Vergil og Dante, der kravler ned ad Satans behårede lænd, gennem en klippeåbning og ud, op, op og atter op – indtil de kommer op af en kløft, og Dante atter ser himlens stjerner.

76

II *Purgatorio*

Odysseus havde fået et glimt af øen fra afstand, men drukne-de inden han nåede den. Nu kom Dante og Vergil, gennem kløften fra underverdenen. Det er søndag d. 10 april, påske-morgen, da vandringsmændene ser den blå himmel igen, og kan trække vejret frit. I det fjerne kan Dante se et højt bjerg: Det er Skærsilds-bjerget.

Og snart mødes de af en ældre, værdig mand, der forbløffet spørge dem, hvorfra de kommer – om lovene er blevet æn-dret, så fordømte ved egen kraft kan forlade Helvedet? Ver-gil forsikrer den ældre om, at det ikke er sådant; han genken-der forresten manden – det er *Cato d. Yngre*, en hæderlig og ubestikkelig idealist, der i sin tid kæmpede mod Cæsar, men begik selvmord da denne vandt. De forlader ham, og går ned mod stranden: Cato bad Vergil om at vaske Dantes ansigt med uskyldens vand og ydmyghedens sivstrå – og hvor Ver-gil plukkede denne plante, straks voksede den frem igen.

Sjælenes ankomst.

Mens Dante forfrisket ser ud over havet, hvor morgenrøden er ved at aftage, og planeten Mars glimter i havet, ser han en båd komme hurtigt mod dem. I det samme råber Vergil:

> *"Guds engel kommer! Dine knæ du bøje!*
> *Fold dine hænder! Snart vil tiden bringe*
> *dig fler af himlens sendebud for øje."*[65]

Båden, ført af en engel, lander på stranden, og sætter en mængde sjæle af, før den igen forsvinder. De ankomne er glade, men desorienterede; de spørge vandringsmændene om

---

65   **Alighieri, D. (1966)**, *Purgatorio*, II v. 33-36

hvor de skal gå hen – Vergil bliver dem svar skyldig. Imens har Dante set en god ven, lutspilleren *Casella*: De prøver at omfavne hinanden tre gange, men Dante favner kun luft – han kan ikke røre den døde sjæl[66].

Casella var død nogle år før, så Dante spørger ham, hvorfor han først kommer nu. Englen ville ikke medtage ham og heller ikke andre, forklarer Casella, af forskellige grunde – men de sidste tre måneder har Englen taget alle, som bad. Her antyder Dante, at Jubelåret gav aflad nok til, at alle kunne komme med. Dante beder nu Casella, om ikke denne kunne synge ham en af sine sange, og Casella begynder – alle lytter betaget med – indtil Cato irriteret beder sjælene om at komme afsted, de skal videre!

Bandlyste, efterladne og dræbte uden aflad

Mens Dante og Vergil går fra stranden op mod det enorme bjerg, der er midt på øen, undrer Dante sig atter over, hvorfor han ikke kunne røre Casella, mens Vergil – der jo også er en ånd – godt kan røre Dante. Vergil synes ikke, Dante skal spekulere på det; det er Himlens vilje. Hans problem er, at finde ud af hvordan man bestiger bjerget. De møder snart nogle sjæle, der er på vej, og spørge dem. Blandt dem er *Manfred*, som i livet var søn af Frederik II, den store tysk-romerske kejser. Han var bandlyst af pave Clemens IV, men selv om han var faldet ved Benevento, nåede han at angre sine synder. Han fortæller, at også bandlyste kan lukkes ind til Skærsilden, hvis de har angret – det tager dog 30 gange længere tid – men forbønner fra de levende kan forkorte denne tid.

---

66 Det samme skete for Odysseus, da han i dødsriget ville omfavne sin moder (**Homer (1979)**, XI sang, v. 204f), og for Æneas, da han ligeså ville favne sin fader (**Vergil (1964)**, VI sang, v. 700-703).

Det er vigtigt allerede her at forstå, at de døde her alle accepterer deres skæbne: De er blandt de frelste, der er håb for dem. Godt nok er nogen endnu lukket ude, og nogle passerer dem hurtigere end andre, men alle er på vej til Frelsen. Dermed er der ingen grund til at hævde sig, og Manfred giver sig da heller ikke til kende som en kongesøn – han fortæller kun hvilken slægt, han kommer fra. De jordiske ting betyder ikke så meget mere, nu er det kun lutring af sjælen, det kommer an på.

Dante og Vergil finder nu opgangen til bjerget, en snæver passage og en meget stejl sti – Dante mener, stigningen er over 45° – fører dem opefter. Man kan ikke se bjergets top, det er dækket af skyer. De må hvile sig undervejs, og her ser Dante en anden, der også prøver at få kræfterne tilbage: Det er den dovne *Belaqua*, instrumentmager fra Firenze. Han mener ikke, det haster med at gå, for den engel, der vogter døren, vil alligevel ikke lukke ham ind, før han har ventet lige så længe, som han i livet forhalede sin anger[67].

Videre opad indhenter de nu en gruppe af sjæle, der synger "Miserere", den vigtigste af kirkens bodssalmer[68]. Dante kender ingen af dem, men lover at bede for dem, når ham kommer til bagefor livet. Det er alle folk, der er kommet af dage på voldelig måde, men som nåede at bede til Gud inden de døde. Dante går mellem dem, og må love, snart den ene, snart den anden, at han vil gå i forbøn for dem, når han kommer hjem. Han klager til Vergil:

> *"Du siger selv et sted i dine sange,*
> *at ingen bøn kan himlens vilje bøje;*

---

67 Dette kan synes næsten hovent, men man må forstå, at hvor sjælene i Inferno intet håb har, så er der et håb for selv den dovne i Purgatoriet. Man må udholde prøvelserne, om det så er at vente.

68 Salmerne, kap. 51: "Gud, vær mig nådig efter din miskundhed".

og netop dette sjælene forlange."[69]

Vergil bekræfter, at ja, sådan skrev han (i Æneiden), men det var før han kendte den sande Gud. I øvrigt måtte Dante hellere vente med den slags spørgsmål, indtil han møder Beatrice.

Forsømmelige / indolente. Slangen

Endnu en sjæl møder de, selvbevidst og en smule arrogant. Vergil spørger ham om den bedste vej frem, men sjælen svarer ikke, spørger selv kun om, hvor de kommer fra. Vergil nævner sit sted, Mantua, hvilket får den stolte sjæl til at blive begejstret: Der kommer han selv fra, han er digteren og satirikeren *Sordello*, hvis brod var så spids, at han blev myrdet. De to landsmænd omfavner hinanden, hvorefter Sordello spørger om hvem den anden er: Vergil. Sordello synker overrasket ned og omfavner Vergils ene knæ! Vergil er den første latinske digter, og Sordello har den største respekt for ham.

Man kan kun gå opad om dagen – om natten kan man ikke; man skal kunne se sin skæbne klart i øjnene. Sordello viser dem et sted, hvor de kan være for natten, oven for en lille, smuk og blomstrende dalsænkning. I denne dal sad flere sjæle, som med lovsang priste jomfru Maria. Dette, forklarede Sordello, er de fyrster og konger, der havde haft mulighed for at kunne gøre store,gode gerninger med folket – men som havde forsømt det! Derfor kunne de endnu ikke lukkes ind til Skærsilden.

---

69   **Alighieri, D. (1966)**, *Purgatorio*, VI v. 31-33

Fig. 18: Slangen i den blomstrende dal. Af Roger Wood

Nu så Dante et sært syn: To grønklædte engle dalede ned, med flammesværd i hånden, men af dårlig kvalitet – sværdenes od var knække af. De var udsendt fra Marias skød, fortalte Sordello, for at værne mod **slangen** (fig. 18).

Måske var dette den slange, der i sin tid fristede Eva[70]? Men hvorfor var den her, når den blev forbandet af Gud selv? De tre vælger at gå lidt ned i dalen, for at undgå slangen, og her ser de, at de to engle – selv med de brudte sværd – får den jaget væk. I mellemtiden fik Dante tid til at hilse på en bekendt, han gode ven Nino Visconti fra Pisa. Også Sordello og Vergil kommer og deltager i samtalen, og mens mørket falder på, falder også Dante i en tryg søvn.

Indgangen til Skærsilden

Dante drømte, at en ørn løftede ham så højt op, at de begge brød i brand – og han vågner med et skrig. Det er sen formiddag, og Vergil trøster ham: Skytsånden *Lucia* havde båret Dante, mens han sov, så Vergil kunne spare sine kræfter, og de var derfor allerede ud for porten til Skærsilden.

Tre forskellige farvede sten førte op til porten:
*   Det første af hvid marmor, blankskuret og glat: Selverkendelsens spejl.
*   Det andet mørkebrunt granit, rå vejrbidte granit: Angerens tyngde.
*   Det tredje flammerød porfyr, furet og åresprængt: Soningens offer.

På det tredje trin sad en kerub, en engel med bodsskjorte og et flammende sværd, der bestemt spurgte de to om deres ærinde. Vergil fortæller: En kvinde fra Himlen forlangte, at de skulle gå denne vej! Englen nikker venligt, og på Vergils opfordring beder Dante ydmygt, om englen vil åbne porten for dem.

Uden tøven tager englen sværdet, og med det ridser han 7 "P"'er i panden på Dante. "P" står for *"peccato"*, synd eller

---

70   1. Mose, kap. 3 v. 1ff

skam, og står for de 7 dødssynder. Efterhånden, som Dante bestiger bjergets syv niveauer, vil tegnene blive slettet, et efter et, forklarer englen, og herefter tager han to nøgler frem – en af guld og en af sølv. Dem, fortæller englen, fik han i sin tid af **Peter**. Begge nøgler skal passe, ellers kan man ikke komme ind. I øvrigt sagde Peter, at det var bedre at lukke én for meget ind, end én for lidt!

Men begge nøgler passede, og porten kunne lukkes op. Englen bød dem ind, men advarede: Hvis man ser sig tilbage, bliver man straks udstødt igen![71] Dante og Vergil trådte nu ind af porten, hvor de hørte lovsang.

Da Luther i 1517 gjorde op med afladshandlen, gjorde han logisk også op med tanken om Skærsilden. Det er en konstruktion, som ikke er nævnt i Bibelen, selv om flere teologer har fundet skriftsteder, som argumenterer for den. Men for protestanterne findes der intet Skærsilds-bjerg, og skal vi derfor følge tanken til vore dage, er Porten det eneste spor af den. Det er blevet til Himmerigets port, hvor Sankt Peter vogter, selve lutringen af dødssynderne er væk! Men for Dante (og nutidens katolikker) findes den stadig!

De syv dødssynder

Den gamle pave Gregor den Store (540 – 604) levede i en tid med pest og sygdomme, der slog mange mennesker ihjel. Gregor prædikede anger og omvendelse, og ledede folket i optog med bøn og sang, og som en del af dette, udtænkte han en liste over de bevidst overtrædelse af Guds lov, de alvorlige synder. Denne liste blev siden "moderniseret" af Thomas Aquinas (1225-74), der forenklede og kategoriserede beskrivelsen af dem. Dante bruger Aquinas liste, og lader

---

71 Lukas, kap. 9 v. 62: *Men Jesus svarede ham: "Ingen,som ser sig tilbage, efter at han har lagt sin hånd på ploven, er brugbar for Guds rige."*

Skærsilds-bjerget inddele i 7 afsnit med hver sin dødssynd som tema.

I modsætning til Inferno er Purgatorio ikke statisk, man bliver ikke i sin kreds til evig tid. Sjælen er på en stadig vandring gennem pinsler, men disse er rensende i natur, og ikke nedbrydende, som i Inferno. Man er i et afsnit en vis tid, afhængig af hvor stor end synder, man har været med den givne dødssynd, og også afhængigt af hvor mange forbønner der bliver bedt af de efterladte. Der er derfor ingen fortvivlelse i Skærsilden, selv om pinslerne ikke er små – man trøster hinanden, og man synger Herrens pris. Samtidig er stederne ikke grusomme og håbløse: Der er opbyggelige statuer og billeder, så den dømte sjæl kan se, hvad der venter af håb forude.

Afsnittene har Dante sorteret efter hvor alvorlig en synd, der er tale om, for også dødssynderne er forskellige i niveau. Men i modsætning til Inferno starter man med den værste synd, og går mod de mindre dødssynder. Derfor starter man med Hovmod, eller Superbia, for det var hovmod, der fik Satan til at gøre oprør mod Gud.

Superbia – De hovmodige eller stolte.
Når man føler sig højt hævet over andre, holder man sit hoved højt, og ser ned på andre. Det er derfor rimeligt, at renselsesprocessen for hovmodet består i, at man skal bære en tung sæk på ryggen, så bæreren ikke magter at holde hovedet løftet. Dante ser synderne slæbe den tunge last, mens de kæmper sig opad, og går forbi relieffer og skulpturer af engle og motiver fra Bibelen, som viser ydmyghed og omsorg. Mens de går deres tunge skridt, fremsiger de Fadervor. Dante møder her illustratoren *Oderisi* fra Agubbio, en af Giotto og Dantes venner. Han fortæller Dante, at denne snart vil blive udsat for en hård medfart fra sine bysbørn.

84

Vergil skynder på Dante, og mod slutningen af opstigningen, ser han nye billeder og relieffer, udhugget i vejen selv, så man skal sænke blikket for at få øje på dem: Billeder, der viser oprørets og hovmodets magt og undergang. Blandt figurerne er Satan, der blev nedstyret fra Himlen[72], Nimrod[73] der for forvirret rundt om sit værk, Babelstårnet; kong Saul, Troja fald og andre.

Sidst møder de en engel, der vogtede mellem denne kreds og den næste. Englen hilser dem, og tørrer det ene "P" af Dantes pande. De havde nu passeret første kreds, og de næste ville blive lettere.

Invidia – Misundelige.
Her sidder sjælene, som grå skygger, og venter på at deres renselse bliver overstået. Når man er misundelig, er det øjnene, der bringer én i fordærv. Derfor er sjælenes øjne syet sammen med jerntråd – og man er iklædt tøj, der gør det umuligt at skelne sjælen fra jorden. Det er klart, at Dante tænkte på Firenzes produktion af modetøj, som var storslået, og som alle eftertragtede.

De hører ånderøster, som advarer om misundelsens følger, og stemmerne fortæller om Kain, som blev brodermorder og fredløs, fordi han var misundelig på Abel. Og nu møder de den næste engel, der – som før – fjerner et "P" fra Dante. De kan gå videre.

Ira – Vrede.
Dante får et indre syn om jomfru Maria, der vredt skældte ud på Jesus, da han blevet i templet – men vreden ændres til tilgivelse og kærlighed. Og Dante ser også Stefanus, den første

---

72 *Purgatorio*, XXII v. 27-30, Lukas kap. 10, v. 18.
73 Nimrod selv er fanget i Inferno, husker vi.

martyr, der tilgav sine vrede fjender, mens de stenede ham. Nu var de blandt dem, der skulle lutres for deres vrede.

Når man vredes, kan man ikke se klart, vreden formørker eens sind. Sjælene lutres derfor ved at vandre omkring i en tæt og kvælende røg. Her møder Dante en mand fra Lombardiet, **Marco**. Dante spørger Marco om, hvorfor der er vrede i verden, så vil han kunne bringe besked tilbage. Marco sukker, og konstaterer, at mennesker han en tendens til at skyde skylden på alt, og især på stjernerne (dvs. astrologien). Men i virkeligheden er det kun Mennesket selv, der har fejlen: Menneskets frie vilje er større end den skæbne, himlens stjerner kan give.

Acedia – Dovne og sløve.
Efter en engel igen havde fjernet et "P" fra Dantes pande, introducerede Vergil ham for den næste kreds. De, der er her, havde for svag en vilje til kærlighed: De kunne ikke let skelne mellem den gode og den syndige kærlighed, de var for sløve til det.

Mod sløvhed og dovenskab bliver sjælen renset ved at man løber uafladeligt rundt, og udmatter sig. En af disse sjæle var en abbed i Verona, ved San Zeno klosteret, under Kejser Frederik (Barbarossa) – men han var doven, og derfor er klosteret ved at styrte sammen. Som renselse for dette, løber han nu rundt på bjerget. - Efter dette møde falder Dante i søvn, det er natten mellem anden påskedag og tirsdag.

Avaritia – Gerrige og ødsle.
Dante har en drøm eller et mareridt, hvor han ser den tilsyneladende underskønne Sirene, men som i virkeligheden er et hæsligt væsen. Vergil vækker ham, han har kaldt påDante tre gange, og Solen er stået op.

På dette sted er de, hvis sjæl klæber til det materielle. Ligesom Sirenen ser de materielle ting smukke og attråværdige ud, men ser man nærmere til, er det kun hæsligheder og kun for støv at regne. Og derfor renses synden ved at sjælen ligger med ansigtet ned mod jorden. Dante møder her en pave, *Hadrian V*, som angrer sin gerrighed.

De møder nu *Publius Papinius Statius*, en romersk digter (45-96 e.Kr), som levede under kejser Titus. Han var kendt for sit værk Thebaiden, der handlede om syv kongers krig mod Theben. Han betragtede sig som elev af Vergil, og Dante morer sig derfor, da det jo er Vergil, der netop stod for ham. Statius var ikke gerrig, men nærmere ødsel (som vel andre digtere). Vergil undrer sig over at finde Statius i Skærsilden, fordi han, såvidt Vergil vidste, ikke var kristen. Men Statius fortæller, at han lod sig døbe hemmeligt. Han har nu gennemgået den tid, han skulle i denne kreds, og kan nu følge de to andre til den næstsidste.

Gula – Frådsere.
Dante forbløffes over at se, hvordan sjælene her ser ud: De er magre og udhungrede, så man ikke kan kende hvem de er. Det er frådserne, som i livet tog hvad de havde lyst til af mad og drikke. De renses nu ved at afstå fra både mad og drikke. Her møder Dante en sviger-slægtning, *Forese Donati*, som han – ærligt talt! – havde forventet at se i Helvedet. At han ikke er det, skyldtes hans kone Nellas forbønner. Her fremhæver Forese sin kone over for Firenzes skamløse kvinder, der render rundt med næsten blottede bryster, selv i kirkerne. Og Forese lader forstå, at *Corso*, Foreses egen bror og Dantes værste politiske modstander, vil engang blive slæbt til helvedet[74].

I det fjerne ser Dante nu et træ, fyldt med frugter, men også således bøjet, at ingen kunne nå dem. Og en stemme fortalte,

---

74 **Alighieri, D. (2000):** *Purgatorio*, XXIV, v. 82-86.

at dette træ var et rodskud af det træ, som Eva havde plukket den forbudte frugt fra. Men de kan ikke vente her, de skal videre til den sidste kreds.

Luxuria – Nydelsessyge eller utugtige.

Endnu et "P" er fjernet, og de er nået til den sidste kreds. De mødes af et flammende skær, og kun fordi en brise blæste, blev heden ført bort. Det lød stemmer inde fra flammerne: Her er stedet for det kødelige, ustyrlige begær! Sjælene løb langs hinanden, to og to, ad en smal sti, med afgrund til den side, og flammerne omkring dem. Vergil udtrykker det:

> "'Let kan man fejle', lød fra klippekammen
> min førers stemme, 'her må strengt og nøje
> man holde sine øjnes tøjler sammen!'"[75]

Dante hører sjælene i flammerne råbe "Sodoma!", og han spørger en af dem, hvorfor de gør det. Denne forklarer, at dette er utugtige, som engang dyrkede samme slags synder som i Sodoma og Gomorrha (dvs. homoseksualitet, men som lyst). Flammerne renser dem, mens de råber dette navn, for at bebrejde sig selv. De er alle faldet for drifter, som "vilde dyr i brunst".

Dante hilser kort på en digter, **Arnaut Daniel** (1150 - 1210), som også løber i flammerne, men denne var ikke interesseret i at tale med Dante; han var bedrøvet over sin egen dårskab, og ville videre.

Udgangen

De står nu ved udgangen af Skærsilden, og en stor engel hilser dem. Englen lader dem forstå, at de skal passere gennem de lutrende flammer, hvilket gør Dante urolig: Han husker

---

75 **Alighieri, D. (1966)**, *Purgatorio*, XXV v. 120-123

nøje de mange flammer, han allerede har set, og han føler sig ikke hverken skyldfri eller syndfri. Derfor viger han tilbage. Men Vergil beroliger ham: Måske det gør ondt, men ikke for evigt – og de havde da prøvet det, der var værre.

Dante står stadig fast, indtil Vergil minder ham om Beatrice: Det er kun flammerne, der skiller dem fra hinanden. Dette er nok! Dante går frem, for om det så havde være smeltet glas, ville han havde kastet sig i det for at kunne mødes med Beatrice.

De tre – Statius, Vergil og Dante – passerer nu gennem flammerne, og da de er igennem ser de, at solen nu er på vej ned. Alle "P" er nu væk. De finder nogle trin at ligge på, og Dante falder i søvn, og drømmer om en kvinde, der går og plukker blomster: Det var *Lea*, søster til *Rachel,* han så, og han blev i drømmen belært om forskellen mellem de to kvinder: Hvor Rachel betragtede tingene, så brugte Lea sine sanser til at føle på tingene. Herefter vågnede Dante op, og blev hilst af Vergil: Han havde ført Dante gennem Inferno og Purgatorio, nu kunne Dante selv med sin egen vilje vende sig den vej, han ville.

Det Jordiske Paradis – Edens Have

Dante træder nu ind i det Jordiske Paradis, Edens Have. Her møder Dante kvinden *Matilda*. Kommentatorer er ikke enige om Matildas allegoriske betydning. Måske repræsenterer hun aktiv kristendom ved gode gerninger, modsat Beatrice, som i denne tolkningstradition repræsenterer kontemplativ kristendom. I så fald kan hun sammenlignes med bibelske skikkelser som Marta (versus Maria) eller Lea (versus Rachel).

Dante bliver dernæst præsenteret for et prægtigt, allegorisk optog. Det første, han ser, er syv vældige lysestager med brændende lys, der repræsenterer Helligåndens syv gaver[76]:

1. **Visdom:** For at vi i denne komplicerede verden ikke skal miste overblikket.
2. **Indsigt:** For at vi ikke skal fare ud af skindet for petitesser.
3. **Råd:** For at vi også i svære tilfælde kan finde en løsning.
4. **Styrke:** Så vi kan overvinde modgang og hindringer.
5. **Erkendelse:** For at vi kan skelne, hvad der er rigtigt eller falsk, godt eller ondt.
6. **Fromhed:** For at vi ikke skal miste kontakten til Gud,
7. **Gudsfrygt:** For at vi ikke skal tro, at mennesker kan være lige så store som Gud.

Herefter følger 24 oldinge, som repræsenterer bøgerne i Det gamle Testamente. De følges af fire dyr med vinger dækkede af argusøjne[77], der repræsenterer de fire evangelister.

Så kommer en tohjulet triumfvogn, Guds kirke på Jorden, som trækkes af en grif[78], dvs. Kristus med sin dobbelte natur[79].

---

76 Esajas, kap. 11, v. 1-2: *Men der skyder en kvist fra Isajs stub, et skud gror frem fra hans rod. Over ham hviler Herrens ånd, visdoms og indsigts ånd, råds og styrkes ånd, kundskabs og gudsfrygts ånd.*

77 Jf. Den Store Danske Ordbog: *I græsk mytologi er Argos et uhyre, der er altseende, udstyret med 100 øjne på hele kroppen. Deraf er symbolikken i det bevingede ord "Argusøjne" opstået; det betyder <u>at være årvågen</u>.*

78 Fabeldyr med hoved som en ørn, og bagkroppen som en løve.

79 *Ørnen* symboliserer især magt, det majestætiske, guddommelige, sejr, det høje, himmelske, Solen, opstandelse og det frie. Dens vældige vingefang og cirklende svæv er et betagende syngen. *Løven* er et af jødedommens mest populære symboler. Den jødiske kong David, der

90

De syv kardinaldyder repræsenteres af syv unge piger:

- Fire er de jordiske: Styrke, Mod, Udholdenhed og Mådehold, der danser ved triumfvognens venstre hjul,
- Tre er de himmelske; Tro, Håb og Kærlighed, danser ved det højre hjul.

Efter vognen følger repræsentanter for resten af Det nye testamentes bøger, 7 ærværdige mænd[80] i hvide klæder, kranset med luerøde blomster om panden. Dette er de 7 skrivende apostle, hvor den sidste er Åbenbaringsbogens Johannes – en sovende[81] olding, med et ansigt præget af visdom.

Dantes renselse

Optoget standser ved bredden af floden *Lethe*, og Dante ser nu, at der på vognen står en tilhyllet kvinde, en grøn kappe dækker den røde kjole: Det er *Beatrice*, og Dante skælver, ser sig om efter støtte, men Vergil har stille forladt ham[82]. Overvælder begynder Dante at græde, men nu hører han de første ord fra Beatrice, og det første, han hører, er sit navn[83]:

"Dante, no de Virgilio la partida
te haga llorar, pues llorarás ahora,
por otra espada que abrirá su herida."

---

i Bibelen dræbte kæmpen Goliat, kom fra Judas stamme. Denne jødiske stamme havde løven som deres symbol.
80 Mattæus, Markus, Lukas, Johannes, Paulus, Jakob, Peter.
81 Han er sovende, fordi Åbenbaringens tid endnu ikke er inde.
82 Vergil kan ikke komme ind i Paradiset; han er hedning, og repræsenterer som sådan fornuften og filosofien – men her, i Paradiset, lades dette tilbage: Troen, dvs. teologien, er medium for guddommelig visdom og kærlighed, og dette repræsenteres af Beatrice.
83 **Alighieri, D. (1966)**, *Purgatorio*, XXX v. 55-57

"Dante! græd ej, fordi Vergil sig kårer
sin egen vej, græd ej endnu, thi græde
skal du om lidt, når andet sværd dig sårer!"

Dette er det eneste sted i Komedien, hvor Dantes eget navn nævnes, og betydningen kan ikke undervurderes: Dante fatter sig, og vender sig mod hende – og i det blik mødte han nu en kongelig bebrejdelse, som en moder, der møder sin ulydige søn, med strenghed og kærlighed.

Beatrice bebrejder Dante, at han forlod Kærlighedens sande vej, og lod sig forlede af de verdslige glæder. Her skinner trubadur-traditionen igennem: Det er vigtigere altid at have et ædelt (men uopnåeligt) mål for øje – dvs. kærligheden til det uopnåelige drømmebilede Beatrice – end det er, at have jordiske nødvendigheder i tankerne, f.eks. kone og børn. Dette forstår Dante nu, og han erkender sin brøde.

Efter at Dante har indset rækkevidden af sine synder, bades han i Lethe, glemselens flod, der sletter mindet om dem. Herefter viser Beatrice ham en række tableauer, som skal fortælle ham om kristendommens historie, før, nu og i fremtiden. Disse tableauer minder om Apokalypsens billedsprog, det er svært at forstå – og Dante forstår ikke Beatrices ord; han husker dem, men de er ham for vise og højsindede[84]:

> *Og jeg: "Som vokset taget let og gerne*
> *mod seglets form og gemmer den, så nøje*
> *har Eders ord sig præget i min hjerne.*
>
> *Men hvorfor flyver talen mod det høje*
> *did op, hvor frugtesløst mit blik omvanker,*
> *og mindre ser, jo mer det gør sig møje?"*

---

84   **Alighieri, D. (1966)**, *Purgatorio*, XXXIII v. 79-85

Beatrice smiler, hun ser, at Dante ikke forstår hende – og måske gjorde Lethe, at han ikke forstod. Hun overlod det til Matilda at føre Dante og Statius til det sted, hvor Lethe og dens biflod, den gode flod *Eunoë*, udspringer – så Dante kunne drikke af det skønne vand, hvorfra man erindrer de gode gerninger, man har gjort i sit liv.

Han er herefter klar til at følge Beatrice op mod Himmelens stjerner.

III *Paradiso*

Det, der nu følger, er Dantes opstigen gennem de ni himmelsfærer, op til det Himmelske paradis **Empyrium**, for endelig at se Den Treenige Gud.

Dette er ikke en åndelig rejse! Den sker med og i Dantes egen krop, og det meste af vejen ledsages han af Beatrice, der lader ham møde og tale med sjælene af de velsignede, gode mennesker, der befinder sig på forskellige niveauer – alt efter deres åndelige kvaliteter. I realiteten er det sjælenes afspejlinger, som Dante kommer til at møde, for alle sjælene **er** placeret i Empyrium, men deres fokus er til stede i de forskellige himmelsfærer.

De næste 33 sange er derfor umådeligt komplekse, og Dante selv starter rejsen gennem Himmelen med at anråbe Apollon om hjælp, og minder ham om bjerget **Parnassus**[85]:

> *Hjælp mig, Apol, mit sidste værk at fremme!*
> *Gør til dit kraftens kar mig, så jeg disse*
> *laurbær endnu kan vinde ved min stemme!*
>
> *Nok var mig før Parnassets ene spidse,*
> *men på den bane, hvor jeg nu står rede,*
> *behøver jeg dem begge to til visse*

Parnassus er det græske bjerg, hvor **Orfeus** mødte **Apollon** og musen **Thalia**[86] (fig. 19).

---

85 **Alighieri, D. (1966)**, *Paradiso*, I v. 13-18.
86 Thalia er komediens og digterkunstens muse.

Fig. 19: Parnassus (fra Wikimedia Commons)

Guden skænkede Orfeus en lyre, og hans moder[87] lærte ham at digte og synge den musik, som gjorde Orfeus til den største musiker i verden. Når Dante taler om *Parnassets ene spids*, så mener han digterkunsten – den er ikke nok nu, til at beskrive, hvad han har set. Han har brug for den anden spids, han må have Apollons hjælp som musiker for at gengive sine syn godt nok.

1. himmelsfære: Månen

Her er de, der var gode i ånden, men opgav deres klosterløfte. Dante taler med **Piccarda Donati**, kusine til hans kone Gemma, og søster til Forese og Corso Donati. Forese er havnet på skærsilds-bjerget, mens Corso, fortæller Forese, kom-

---

87 Orfeus moder var Calliope, veltalenhedens og poesiens muse.

mer til Helvede[88]. Piccarda gik i kloster, men broderen Corso pressede hende til at forlade klosterlivet for at gifte sig med en af hans håndlangere.

Vi møder også *Constance*, som led samme skæbne. Hun var datter af den normanniske konge af Napoli og Sicilien, Roger II, og hans tronarving. Hun skal være blevet hentet ud af klostret for at giftes med Henrik VI af Schwaben, og blev senere mor til kejser Fredrik II af Det tysk-romerske rige.

I anden sang forklarer Beatrice om Paradisets opbygning (de forskellige engleracer er Guds instrumenter i de respektive himmelsfærer), himmellegemernes placering, og hemmeligheden ved Månens mørke pletter. Fjerde sang handler om problemet med den evige placering af de salige sjæle[89], og i denne og følgende sang drøftes problemet om klosterløftets ukrænkelighed og menneskets frie vilje.

2. himmelsfære: Merkur

Dem, der var gode i ånden, men higede efter ære og berømmelse. *Justinian I* fortæller om "den romerske ørns" flugt gennem historien: Fra Romerrigets begyndelse med Æneas, gennem etableringen af den kristne kirke til Det hellige tysk-romerske rige og Karl den Store. Han refererer også kort historien om den fattige pilgrim Romieu de Villeneuve, i komedien benævnt *Romeo*.

I syvende sang svarer Beatrice på uudtalte spørgsmål hos Dante efter Justinians tale: Hvordan kunne Guds retfærdige straf, som benyttede en romersk kejser – Tiberius – til at

---

88 **Alighieri, D. (2000):** *Purgatorio*, XXIV, v. 82-86.
89 Jf. Platons dialog "Timaios". "Opfattelsen af sjælen som universelt princip genfindes i Timaios' mytiske redegørelse for verdens tilblivelse ved en guddommelig håndværker, der fremstiller den ordnede verden med idéerne som mønster." (Gyldendals Den Store Danske)

konspirere med jødiske ledere i Jerusalem for at dømme Kristus til døden, bruge en anden romersk kejser – Vespasian – til at straffe det *samme* Jerusalem ved at ødelægge byen?

Beatrice udreder forskellen mellem Guds og menneskers retfærdighed og den kristne doktrin om menneskets frelse gennem Kristus, og forskellene på primær og sekundær skabelse.

3. himmelsfære: Venus

Dem, der var gode i ånden, fyldt af kærlighed, men med ubændig lidenskab eller promiskuitet. Dante møder **Karl Martell**[90], som besvarer Dantes spørgsmål om det tilsyneladende paradoks ved arvelighed (hvordan kan retfærdige forældre få uretfærdige børn?).

Pilgrimen møder også Cunizza da Romano og Folquet de Marseilles, der udpeger skøgen **Rahab**[91], den lyseste ildsjæl i denne sfære.

---

90 Karl Martell, født 23. august 686 i Herstal, død 22. oktober 741 i Quierzy-sur-Oise. Rigshovmester og reelt konge over de tre frankiske kongedømmer. Han huskes først og fremmest som lederen af den kristne hær, der vandt slaget ved Poitiers og Tours i 732, hvor han standsede et muslimsk plyndringstogt ledet af guvernøren af al-Andalus. Med denne sejr satte han en stopper for videre muslimsk plyndring i Frankerriget. Derudover var han en gigantisk personlighed i den tidlige middelalder. Han var en meget dygtig general, der anses som ophavsmand til det tunge kavaleri, grundlægger af det karolingiske imperium (der er opkaldt efter ham) og som en katalysator for feudalismen, der kom til at karakterisere samfundsindretningen over det meste af Europa i middelalderen.

91 Rahab var bosiddende i Jeriko, og havde skjult israelitternes mænd (udsendt af Josva) hos sig, da de kom for at udspionere byen, før de angreb den (Josvabogen, kap. 2). Som tak for dette blev Rahab og hendes familie skånet af Josva, da angrebet var forbi (Josvabogen, kap. 2, v 16-25).

4. himmelsfære: Solen

De vises sfære. Her præsenteres pilgrimen for to koncentriske cirkler, hver med tolv helgener. I den første ring er blandt andre *Thomas Aquinas*, som i tiende sang tager ordet og præsenterer de andre medlemmer af ringen, blandt andre sin læremester Albertus Magnus, kong Salomon, Dionysios fra Areopagos og Boethius.

I ellevte sang lovpriser Thomas Aquninas – der er dominikaner – munken *Frans af Assisi*, og afrunder med at beskrive dekadencen i sin egen munkeorden.

I den næste sang præsenteres pilgrimmen for den anden helgencirkel. Franciskaneren *Bonaventura* tager ordet og lovpriser Dominikus, før han beskriver dekadencen i Franciskanerordenen. Til sidst præsenterer han de andre medlemmer i cirklen, blandt andre Pedro Hispano, den senere pave Johannes XXI, Johannes Chrysostomos, Anselm af Canterbury, Rabanus Maurus Magnentius og Joakim af Fiore.

I trettende sang får Thomas Aquinas igen ordet, og han forklarer hvad han mente i ellevte sang: Salomons visdom som konge var enestående, mens Gud skabte Adam og Kristus direkte og perfekt. Aquinas afrunder med en advarsel mod forhastede domme og udeladelse af nødvendige distinktioner.

I næste sang gives ordet til kong *Salomon*, som efter initiativ fra Beatrice forklarer doktrinen om legemets opstandelse. Pilgrimen ser en tredje lyscirkel med noget, han tror drejer sig om "nye substanser", der omslutter de to andre. Han kalder det en "sand udstråling af Helligånden".

5. himmelsfære: Mars

Her er de, der kæmpede for kristendommen. Pilgrimmen møder her sin egen stamfar **Cacciaguida**, der døde på korstog, og som i femtende sang priser borgerdyderne i Firenze i det tolvte århundrede.

I sekstende sang diskuterer han forfaldet i Firenzes fremstående familier, og spekulerer på, om det modsvarer forfaldet i det moralske liv og i byens sociale harmoni. I den efterfølgende sang spår han Dantes fremtid, og betror ham opgaven med at skrive Komedien. Til sidst, i attende sang, nævner han nogle af de andre sjæle i Mars-himlen, som danner et stort, galaktisk kors, og efterhånden som Cacciaguida udpeger dem, kommer de til syne som lysglimt i korsets arme: **Josva**, **Judas Makkabæeren**, **Karl den Store**, hans nevø **Roland**, **William af Oranje**, Renouard (en sarasener som konverterede og kæmpede ved hans side), Gottfrid af Bouillon (leder af det første korstog) og Robert Guiscard.

6. himmelsfære: Jupiter

Her er retfærdige monarker og regenter. Ligesom fugle der danner formationer, arrangerer de lysende sjæle i denne sfære sig, så de danner bogstaverne[92]:

DILIGITE JUSTITIAM –
QUI JUDICATIS TERRAM[93]

Det sidste **M** (**M**onarchia) ændres først til en lilje (det franske monarkis og Guelfernes emblem), derefter til profilen af en ørn (emblemet for Det hellige romerske rige).

---

92 **Alighieri, D. (1966)**, *Paradiso*, XVIII v. 90-93.
93 Visdommens bog (apokryf) kap. 1, v1: *I skal elske retfærdighed, I jordens dommere, tænk klogt og retsindigt om Herren, og søg ham med oprigtigt hjerte.*

I nittende sang taler sjælene, som danner den symbolske ørn, unisont om emnet retfærdighed: Spørgsmålet om gode hedninges skæbne; om det uransagelige, men fuldkomne, i Guds retfærdighed, og svagheder hos kristne herskere.

I den næste sang røber ørnens sjæle navnene på de sjæle,der udgør fuglens øje: **Kong David** repræsenterer pupillen, øjenbrynet formes af **kejser Trajan**, Judas konge **Hizkija**[94], **Konstantin den Store**, William II og **Ripheus**[95]. Omtalen af kejser Trajan og Ripheus fører til en redegørelse over Himlens føjelighed og mysteriet omkring Guds forsyn.

7. himmelsfære: Saturn

Dem, der viede livet til religiøs kontemplation. Her ser pilgrimmen en stige der går opad, så langt øjet kan se[96]. Ned ad stigen kommer lysende herligheder, som så bevæger sig i forskellige retninger, nogle tilbage igen. Den ene, benediktineren **Peter Damian**[97], svarer på Dantes spørgsmål om pilgrimmens (manglende) evne til at opfatte himmelsk musik, men han forklarer at han ikke kan svare på, hvorfor lige han, Peter Damian, blev udvalgt til at vejlede Dante[98]. Til sidst taler han om klosterlivets og præsteskabets forfald. I toogty-

---

94 2. Kongebog, kap. 18. Hizkija (eller:Hezekiah) ca. 726-697 f.Kr. Han prøvede at vende tilbage til tidligere tiders traditioner, bl.a. gennemførte han en tempelreform, hvor han udrensede en kultgenstand, kobberslangen, som stammede fra Moses.

95 Riphenus var førkristen trojaner, der omtales i Vergils Æneide: *Riphenus falder med ham, den retsindigste Mands blandt Trojaner, Den, som af alle me dredeligst Hu på Billighed agted; Dog for Gudernes Villie han Faldt*. **Vergil (1964):** Sang 2, v. 426-428.

96 Måske den stige, som Jakob så (1. Mose, kap. 28 v.10f)

97 Peter Damian (ca. 1007- ca. 1072) var en benediktinsk munk, senere kardinal. Han indførte flere reformer i en tid, hvor kirken var stærkt skandaliseret af grådighed og indre strid.

98 En sådan forklaring kræver måske filosofisk viden, og Peter Damian gik ikke ind for filosofi, eftersom Jesus ikke havde talt om filosofi.

vende sang henvender Benedikt af Nurcia sig til Dante om forfaldet i Benediktinerordenen.

8. himmelsfære: Fiksstjernene

De salige. I treogtyvende sang bliver Dante vidne til et imponerende skue. Han ser de lysende, frelste sjæle og Kristus, og når Kristus trækker sig tilbage, kommer jomfru Maria til syne.

I de tre påfølgende sange eksamineres han i de tre kristne kardinaldyder tro, håb og kærlighed, af henholdsvis apostlen *Peter*, apostlen *Jakob* og apostlen *Johannes*. Dantes svar er de klare og tydelige artikler i Kristendommen, treenigheden, kærligheden, tanken om en **Primus Mobile – Primus Causa**, der selv ubevægelig bevæger Verden, og dermed skaber den for evigt:

> *Jeg tror på Gud, den evige, den ene,*
> *som, ej bevæget, himlene bevæger*
> *ved kærligheds og længsels magt alene*[99].

Pilgrimmen får så **Adam** at se, der besvarer hans spørgsmål om hvad der skete i Edens have, og senere. Adam fortæller, at grunden til, at Eva og han blev udvist af Paradiset ikke var selve den frugt, de spiste – men det, at de havde krydset den grænse, Gud havde sat: De havde valgt at bryde hans lov!

I syvogtyvende sang retter Peter en voldsom anklage mod foragtelige paver, og især materialismen i Kirken på Dantes tid[100], og han fælder en hård dom:

> *I hyrdeklæder over mark og enge*
> *rovlystne ulve breder sig dernede –*

---

99 **Alighieri, D. (1966)**, *Paradiso*, XXIV v. 131-133.
100 **Alighieri, D. (1966)**, *Paradiso*, XXVII v. 55-57.

9. himmelsfære: Primum Mobile

Englene. Her, i den højeste af de materielle himle, oprindelsen til tid og rum, oplever Dante et symbolsk syn i form af Gud som et lyspunkt omgivet af ni koncentriske, lysende cirkler, som repræsenterer de himmelske sfærer eller engleracer.

Dante giver udtryk for sin rådvildhed, da han oplever dette som et omvendt billede af naturens orden (dvs. den geocentriske, ptolemæiske kosmologi). Beatrice forklarer ham at det geocentriske verdensbillede er en inverteret kopi af den grundlæggende virkelighed. Hun forklarer videre om englenes natur, og navngiver de ni engleordner[101]. I nedstigende orden er de:

DET FØRSTE ENGLEHIERARKI
1. Serafer
2. Keruber
3. Troner

DET ANDET ENGLEHIERARKI
4. Herredømmer
5. Dyder
6. Magter

DET TREDJE ENGLEHIERARKI
7. Herrevælder
8. Ærkeengle
9. Engle

---

101 Denne rækkefølge er givet af Pseudo-Dionysius i hans "De Ceolesti Hierarchia", men også Thomas Aquinas i Summa Theologica har samme rækkefølge. Se også **Davidson, G. (1971).**

I niogtyvende sang fortæller Beatrice om englenes skabelse og **Lucifers** fald, begrundet i hovmod, den største synd. Hun belyser forholdet mellem nåde og gode gerninger, og fordømmer falske kristne tænkere[102]:

Så talte Kristus ej til sine kære:
"Går ud og præker skvalder trindt på Jorde!"
Han gav et grundlag dem, en sanddru lære,

med hvilken de så vældig tog til orde,
at de til kamp, for troen at opflamme,
sig skjold og spyd af evangeliet gjorde.

Nu holdes der kun præken for at bramme
med spot og skæmt, og ler man blot dernede,
så blærer kutten sig og tror at ramme!

Empyrium

Det egentlige Paradis, Himlens forsamling, der danner form som af en rose. De, der tror på Kristus genkomst. Efterhånden som Dantes syn vænner sig til lyset, opdager han den himmelske forsamling i form af en rose – symbolet på **jomfruen, _Maria_**.

Beatrice tager sin plads blandt de udvalgte, og hun er nu blandt de store udvalgte: **Eva, Rachel, Sara, Rebekka, Judith, Ruth, Johannes Døberen, Frans, Benedikt, Augustin** og mange andre. På en af de tomme pladser i rosen venter en trone på kejser **Henrik VII** nært forestående ankomst[103].

---

102 **Alighieri, D. (1966)**, *Paradiso*, XXIX v. 109-117
103 **Alighieri, D. (1966)**: *Paradiso*, XXX, v. 133-138.

Beatrices rolle, dvs. teologien, er nu udspillet så langt den kan, og mystikken må tage over. Dantes sidste vejviser bliver den ærværdige **Bernhard af Clairvaux**. Bernhard går i forbøn for Dante hos jomfru Maria, med ord, der bærer et mysterium i sig selv[104]:

> *"Du datter af din søn, o jomfrumoder!*
> *Ydmyg og herlig over alt på Jorde,*
> *evig udvalgte mål for frelsens goder!"*

Med hendes hjælp får Dante Gud at se!

I dette syn, fortæller Dante, forstår han med et den store sammenhæng. Synet er imidlertid for herligt til, at den menneskelige forstand og hukommelse kan gribe det. Han beskriver enkeltheder, han stadig erindrer:

- Han ser hele skabelsen som en bog, med dens løse ark indbundet på ny.

- Han ser tre cirkler, som repræsenterer treenigheden.

- Den anden cirkel får efterhånden omrids som et menneske eller menneskesønnen Kristus.

Digteren skriver at han pludselig forstod inkarnationens mysterium, men at ordene og hukommelsen svigter ham.

Han føler sig omgivet af den samme kærlighed, der omkranser hans sind, hans sjæl, Solen, og de øvrige stjerner.

Her slutter digtet!

---

104 **Alighieri, D. (1966)**, *Paradiso*, XXXIII v. 1-3

Fig. 20: Empyrium. Af Gustav Doré

Inspiration for andre

Dantes digt har haft gennemgribende inspiration for flere generationer af kunstnere, digtere og forfattere. Gennem 700 år har den store vision – og ikke mindst beskrivelsen af Helvedet – grebet folk. Et hurtigt opslag på Wikipedia om henvisninger til Dante i populærkultur giver et meget stort antal links[105]. Derfor er dette kun nogle få interessante opslag, jeg vil henvise til.

Den danske tegner og historie-kyndige, **Claus Deleuran** (1946-96) benyttede både Virgil og Dantes Inferno over et par sider i hans **Mikkeline på skattejagt**[106], med en munter henvisning til Beatrice (fig. 21).

Fig. 21: Mr. Continental og Vergil. Fra Deleuran, C. (1984)

---

105 https://en.wikipedia.org/wiki/Dante_Alighieri_and_the_Divine_Com
edy_in_popular_culture
106 **Deleuran, C. (1984)**.

En fremragende gendigtning af komedien til prosa, og godt krydret med en Dante-biografi, blev udført af den ikke mindre historie-kyndige, **Ebbe Kløvedal Reich**[107]. Værket er nemt at læse, det er meget gennemarbejdet, og har tillige ikke mindre end 132 illustrationer af Gustav Doré (illustrationer, som også Deleuran har brugt som forlæg).

Også **H.C. Andersen** var optaget af Dante. I dannelsesromanen **Improvisatoren**[108] fra 1835 dedikerer Andersen nærmest hele kapitel 7 til en beretning om, hvordan fortælleren Antonio opdager *"divina comedia di Dante"* på et loppemarked; køber denne, og bliver så betaget af den, at han selv skriver et digt – hans første! – som besynger Dantes liv og rejsen gennem dødsriget, indtil mødet med Guds salighed. Mødet med Dante har ifølge Jacob Holm[109] præget Andersens digtning, både i visse historier (f.eks. "Pigen, der trådte på brødet") og salmer.

Digteren **T.S. Eliot** var tilsyneladende meget begejstret for Dante, i hvert fald er han citeret for at have sagt: *Dante and Shakespeare divide the world between them. There is no third.*

Succes-forfatteren **Dan Brown** benytter Dante som et – noget tyndt – skelet for sin historie fra 2013 om symbol-professor Robert Langdons kamp for at stoppe en gal videnskabsmand fra at gøre skade på menneskeheden. I bogen **Inferno**[110] inddrages citater fra både Dante selv, men også i høj grad henvisninger til malerier og citater af Dante-kommentatorer eller samtidige forfattere. Hvor henvisningerne er korrekte, og historien også foregår i Firenze, har Brown's historie intet ellers at gøre med Dante.

---

107 **Reich, E. K. (1991)**.
108 **Andersen, H.C. (2004)**.
109 **Holm, J. (2011)**.
110 **Brown, 2013**.

Science Fiction forfatterne **Lary Niven** og **Jerry Pournelle** genfortolker Helvedets katolske tros-spørgsmål med et moderne persongalleri i bogen **Inferno**[111]. Fortælleren, som er død i vores tid, kæmper med at forstå, at han faktisk er i Helvedet, og ikke i en eller anden absurd fremtid med avanceret teknik. Han ledsages til bunden af dybet, og får muligheden af at forlade stedet, men vælger at blive, indtil han erkender, hvad Helvedets funktion reelt er.

Forfatterparret fortsatte historien med den efterfølgende bog **Escape from Hell**[112], som et forsøg på forståelse af Helvedets realitet i forhold til vor tids synder. Historien ender ud med, at det er muligt, både at ændre på og at forlade Helvedet, når denne erkendelse er opnået.

Endnu en science fiction forfatter, **James Blish**, har brugt Dante som vigtigt element. I sin dystre gyser-roman om sort og hvid kristen magi, **Black Easter**[113], forårsager hovedpersonerne, at alle Helvedets dæmoner får frit spil på Jorden, og også at Helvedes-byen *Dis* bogstaveligt talt bliver åbenbaret på Jorden. Effekten er chokerende, og dog alligevel underligt komisk – og denne slutning er da heller ikke medtaget i de normale udgivelser af Black Easter.

Nævnes bør også **C. S. Lewis**, der – om end ikke direkte – refererer til en dannelsesrejse fra Helvedet til Himlens forgård[114]. Som hos Dante har fortælleren også en rejsefører (*George MacDonald*), der fortæller og viser, hvordan sjælen kan modtages i Himlen. Teologien er anderledes, fordi bogen er skrevet fra et anglikansk synspunkt: Helvedet kan enten

---

111 **Niven et al, 2008**.
112 **Niven et al, 2009**.
113 **Blish, J. (1991)**, romanen "Black Easter".
114 **Lewis, C. S. (2015)**.

opfattes som Helvedet (hvis man ikke vil flytte sig fra det) – eller som skærsilden (hvis man flytter sig væk fra det). Med andre ord, så er det den frie vilje, der bestemmer, om man vil blive i Helvedet eller gå videre.

Tidstavler

Vigtige begivenheder i Dantes tid

1244	Jerusalem erobres endeligt og ødelægges af tyrkisk / ægyptiske tropper.
1248	7. Korstog påbegyndes af Ludvig IX.
1250	Den tysk-romerske kejser Frederik 2 dør.
1254	Ludvig IX vender tilbage til Frankrig, 7. Korstog slut.
1265	Dante Alighieri fødes, i Tvillingernes tegn, i Firenze. Kong Manfred, søn af Frederik 2, falder i slaget ved Benevento.
1266	Beatrice Portinari fødes.
1268	Mamelukkerne stormer og ødelægger Antioki. Pave Clemens IV dør.
1269	Ludvig IX indfører love om, at jøder skal bære særlige tegn, farver og beklædningsgenstande.
1270	8. Korstog v. Ludvig IX (som dør i Tunis).
1272	Pave Gregor X slår fast, at jøder ikke må forfølges.
1274	Dante ser Beatrice første gang, i den røde kjole (han er 9, hun 8). Thomas Aquinas dør.
1276	Pave Innocens V, indsættes i januar og dør i juni. Pave Hadrian V afløser pave Innocens V i juli, men dør allerede i august.
1283	Dante ser atter Beatrice (nu i hvidt), digter en sonet på denne baggrund.
1285	Dante gift med Gemma Donatti.

1286	Beatrice gift med Simone dei Bardi.
1289	Dante deltager i slaget ved Campaldino.
1290	Beatrice dør (24 år gammel).
1291	Muslimerne stormer Acre, en af de sidste vigtige kristne byer i Det Hellige Land (blev forsvaret af Tempelridderne).
1292	Roger Bacon ("Dr. Mirabilis") dør.
1294	Kardinal Pietro Angelerio udnævnes til pave Celestin 5 d. 5 juli, men afsættes allerede 13 december. Kardinal Benedetto Gaetani udnævnes til pave Benifacius 8.
1295	Dante udgiver *Vita Nuevo*.
1300	Pave Bonifacius udråber året til **Jubelår**.
1301	Dante sendes til Rom som gesandt, men ender i landflygtighed og med en trussel om dødsstraf.
1303	Pave Bonifacius tvinges til ikke at ekskommuniere Philiph IV. Bonifacius dør kort tid efter. Niccolò Boccasino efterfølger som pave Benedikt 11.
1304	Benedikt 11 dør.
1305	Den franskfødte Bertrand de Got bliver pave Clemens 5.
1307	Philip IV arresterer og opløser Tempelridder-ordenen.
1308	Dante påbegynder *la comedia*.
1309	Clemens 5 flytter pavestolen til Avignon.
1310	Henrik VII (tysk konge) krydser grænsen til Nord-Italien. Dante skriver et åbent brev, hvor han hylder Henrik

	mod guelferne.
1312	Henrik VII bliver kejser over det Hellige Romerske Rige. Pave Clemens 5 opløser Tempelridder-ordenen.
1313	Henrik VII dør af malaria. Dante udgiver *De Monarchia*, et politisk værk om kejserdømmet og verdensfreden.
1320	*la comedia* færdiggøres.
1321	Dante dør september (56 år), i Ravenna.
1323	Thomas Aquinas bliver helgenkåret.
1347	Den Sorte Død – Pest – finder vej til Europa.
1357	Boccaccio begynder sin biografi om Dante.
1440	Gutenberg opfinder bogtryk med løse typer.
1472	Første bogtryk af *la comedia* udkommer.
1492	Christoffer Columbus opdager Amerika.
1517	Martin Luther opslår sine teser, og starter Reformationen.
1555	Første gang titlen *Den Guddommelige Komedie* benyttes.
1585	*De Monarchia* bliver bandlyst af den Katolske kirke.
1897	Bandlysningen af *De Monarchia* ophæves.
1921	Dantes politiske tanker accepteres af Kirken gennem en encyklika.

Danmarks konger

1259	Erik Klipping i Danmark.
1286	Erik Klipping myrdes i Finnerup Lade. Efterfølges af Erik 6. Menved.
1298	Erik Menved banlyses af Bonifacius, fordi han fængsler ærkebiskoppen af Lund (Jens Grand).
1319	Erik Menved dør.
1320	Christoffer 2. underskriver håndfæstning i Viborg og overtager kronen.
1326	Christoffer 2. fordrives, erstattes af Valdemar 3 (styret af Grev Gert).
1329	Valdemar 3. træder tilbage som konge. Christoffer 2. tiltræder igen.
1332	Christoffer 2. dør.

Litteratur

Alighieri, D. (2000): *Dantes Guddommelige Komedie. (oversat: Ole Meyer).* Multivers.

Alighieri, D. (1966): *Den Guddommelige Komedie. (oversat: O. C. Molbech).* Gyldeldals Bibliotek.

Alighieri, D. (1965): *Nyt Liv.* Munksgaard.

Andersen, H.C. (2004): *H.C. Andersens samlede værker, bd. 4.* Gyldendal.

Blish, J. (1991): *After Such Knowledge.* Arrow Books, Legend Edition.

Broderick, R. C. (ed) (1987): *The Catholic Encyclopedia.* Thomas Nelson Publishers.

Brown, D. (2013): *Inferno.* Bantam Press.

Burge, J. (2010): *Dante's Invention.* The History Press.

Cronin, V. (2001): *The Florentine Renaissance.* The Folio Society.

Davidson, G. (1971): *A Dictionaryof Angles.* The Free Press.

Deleuran, C. (1984): *Mikkeline på Skattejagt.* Informations forlag.

Duffy, E. (2009): *Saints and Sinners – A history of the Popes.* The Folio Society.

Egeberg, K. et al (2000): *Ridderdrømme.* Pantheon.

Frugoni, C. (2007): *Inventions of the Middle Ages.* The Folio Society.

Grudtvig, N.S. (DS 243): *I Kveld blev der banket paa Helvedes Port.* Danske Samlebog nr. 243.

Holm, J. (2011): *En bog om Helvede og folkekirken.* Unitas forlag.

Homer (1979): *Homers Odyssé (oversat: Chr. Wilster).* Gyldendal.

Lagercrantz, O. (1964): *Fra Helvede til Paradis.* Det Schønbergske Forlag.

Lewis, C. S. (2015): *The Great Divorce.* William Collins.

Niven, L. et al (2009): *Escape from Hell.* Tom Doherty Associates.

Niven, L. et al (2008): *Inferno.* Tom Doherty Associates.

Nøss, W. (1992): *Det moderne Europas fødsel.* Munksgaard.

Pihl, N. et al (2016): *Korstogene - islams ekspansion og kristen modoffensiv.* Frydenlund.

Reich, E. K. (1991): *Billeder og fortællinger fra Dante: Den guddommelige komedie.* Hernov.

Vasari, G. (1993): *Lives of the Artists (vol. I).* The Folio Society.

Vergil (1964): *Vergils Æneide. (oversat: Johannes Loft).* Munksgaard.